Martin Booms

Ideal und Konzept des Grundeinkommens
Zur Struktur einer über sich selbst hinausweisenden Idee

Impulse für eine unternehmerische Gesellschaft
Hrsg.: Interfakultatives Institut für Entrepreneurship (IEP)
des Karlsruher Instituts für Technologie
Band 3

Ideal und Konzept des Grundeinkommens

Zur Struktur einer über sich selbst hinausweisenden Idee

von
Martin Booms

Impressum

Karlsruher Institut für Technologie (KIT)
KIT Scientific Publishing
Straße am Forum 2
D-76131 Karlsruhe
www.uvka.de

KIT – Universität des Landes Baden-Württemberg und nationales
Forschungszentrum in der Helmholtz-Gemeinschaft

KIT Scientific Publishing 2010
Print on Demand

ISSN: 1866-2218
ISBN: 978-3-86644-451-5

Inhaltsverzeichnis

Zusammenfassung

Die Idee des unbedingten Grundeinkommens – so umstritten sie ist – hat mittlerweile einen festen Platz in der gesellschaftspolitischen Debatte erobert. Die Erwartungshaltungen, die sich an diese Idee knüpfen, sind sowohl bei Befürwortern als auch bei Skeptikern sehr unterschiedlich ausgeprägt: Während einige das allgemeine Grundeinkommen in mehr pragmatischer Perspektive als konzeptionellen Reformvorschlag für die Neuordnung des Sozialsystems diskutieren, verbinden andere in stärker idealistischer Haltung mit dem Grundeinkommen den Anspruch einer neuen Gesellschafts- und Werteorientierung schlechthin. Die Debatte um das Grundeinkommen ist daher unübersichtlich: Sie dreht sich – in nicht immer klaren Abgrenzungen – sowohl um das konkrete Gestaltungspotential der verschiedenen Grundeinkommensmodelle als auch um den unbestimmten Idealismus der Grundeinkommensidee als Projektionsfläche für different motivierte gesellschaftliche Innovationswünsche im Ganzen.

Angesichts dieser mehrdimensionalen und in der öffentlichen Wahrnehmung immer noch stark emotional behafteten Diskussionslage versucht der vorliegende Essay nicht, eigene Positionen zu beziehen oder Antworten vorzugeben, sondern vielmehr das Fragefeld zu strukturieren, innerhalb dessen sich eine reflektierte Debatte um das unbedingte Grundeinkommen ergebnisoffen bewegen kann. Zu diesem Zweck werden zunächst zwei Dimensionen des Grundeinkommens – sein frageorientiertes *Ideal* und seine antwortzentrierte *Konzeption* – differenziert und anschließend in ihrem inneren Zusammenhang analysiert. Die These, die dabei herausgearbeitet wird, besagt, dass das Grundeinkommen als Konzept zwar einerseits wie andere in die Debatte eingebrachten Vorschläge eine *Antwort* auf aktuelle Gesellschaftsfragen zu geben versucht, dass sein ideelles Potential aber gerade in der Neuerschließung der *Fragen* liegt, auf die es versucht, eine Antwort zu sein: auch dann, wenn sich am Ende andere Konzepte als tragfähiger erweisen sollten.

Der entscheidende Punkt der hier vorgelegten Überlegungen liegt also darin, dass das Grundeinkommen aus der Logik seiner eigenen Struktur heraus auf eine freiheitliche Frage- und Diskurshaltung verweist, die die Möglichkeit seiner eigenen Ablehnung immer schon impliziert und zugleich im Offenhalten dieser Möglichkeit seine Idee erst eigentlich zur Entfaltung bringt. Stärke und Chance des Grundeinkommens als Idee liegen demnach in dem Potential, über sich selbst als Konzept hinauszuweisen.

Vorwort

Über Arbeit und Einkommen zu sprechen oder gar über deren Zukunft, bedeutet, sich aus dem Alltagsbewusstsein herauslösen zu müssen, um das Thema aus unterschiedlichen Perspektiven betrachten zu können. Dies ist so zu verstehen, wie wenn ein Schauspieler sich gleichzeitig auf der Bühne als Akteur wie auch als Zuschauer im Theatersaal erleben könnte. Denn wenn es um das soziale Leben geht, ist jeder Mensch sowohl Akteur als auch Zuschauer.

Als Akteur hat jeder Einzelne seine persönliche Perspektive und seine eigene Art, das alltägliche Weltgeschehen subjektiv zu deuten. Doch diese akteursorientierte Sicht reicht eben nicht, um die Welt objektiv zu verstehen, sachlich zu bewerten oder gar zu verändern. Das gilt auch für die Arbeitswelt. Und dennoch verlassen wir nur selten die Bühne, wenn es darum geht, die Zukunft von Arbeit und Einkommen neu zu denken. Tun wir es doch, so eröffnen wir uns die Chance, die Welt der Arbeit in Anlehnung an Sir Karl Poppers Drei-Welten-Theorie aus drei Perspektiven zu erschließen. Wir erkennen, dass die Welt der Arbeit sowohl physisch-materiell (Arbeitsergebnis) als auch subjektiv-psychisch (Arbeitserfahrung) und interaktiv-objektiv (Schaffung von etwas Neuem, Schaffung von Kulturwerten) ist. Betrachtet man ein Kunstwerk oder Ähnliches, worin unsichtbare Gesetze symbolisch, sinnlich wahrnehmbar sind, so ist dieser Aufteilung noch die Welt des Geistig-Ideellen, die „Welt vier" – der Idee als Wirklichkeit – hinzuzufügen.

Bezogen auf die derzeitige Erwerbsarbeitsgesellschaft lassen sich die ersten drei Perspektiven beziehungsweise Wahrnehmungs- und Deutungsmuster in zwei Qualitäten der Arbeit mit ihrer je unterschiedlichen Bedeutung für die Volkswirtschaft ausdifferenzieren. Da ist zum einen die körperlich-materielle Arbeit. Sie ist in erster Linie Arbeit an der Natur zur Befriedigung der unmittelbaren Bedürfnisse (Nahrung, Kleidung, Wohnung etc.). Zum anderen geht es um die gedanklich-geistige Arbeit. Sie dient der Organisation von Arbeit durch den Einsatz von menschlichem Know-how und Sachkapital mit dem Ziel, Arbeit zu rationalisieren. Diese Arbeit stellt den alten Typus der Massenerwerbsarbeitsgesellschaft zunehmend in Frage; entsprechend sind die entwickelten Industrienationen seit mehreren Jahrzehnten dabei, sich zu nachindustriellen Gesellschaften (Daniel Bell) zu verwandeln.

Damit wird auch die Frage nach dem Verhältnis von Arbeit und Einkommen neu aufgeworfen. In diesem Zusammenhang soll der Beitrag von Martin Booms den öffentlichen Diskurs um die Idee eines gesetzlich garantierten Mindesteinkommens um eine weitere Perspektive bereichern.

Prof. Götz W. Werner

1 Das Grundeinkommen: Ideal oder Konzept? – Einführende Bemerkungen zu einer notwendigen Differenzierung

Die Idee eines unbedingten Grundeinkommens wurde trotz ihres beachtlichen ideengeschichtlichen Hintergrundes und ungeachtet einer bereits in den 1980er-Jahren erfolgten intensiven Diskussion in Deutschland noch vor wenigen Jahren eher belächelt.[1] Erst seit relativ kurzer Zeit hat sie sich nicht nur den Rang eines zwar umstrittenen, aber politisch und ökonomisch ernst genommenen Alternativ*konzepts* erobert, sondern fungiert darüber hinaus vor allem im Rahmen zivilgesellschaftlicher Gruppierungen zunehmend als *Ideal* einer anderen Gesellschaft schlechthin, an das sich die unterschiedlichsten Erwartungshaltungen knüpfen. Die Debatte um das Grundeinkommen ist daher schon im Blick auf ihren Gegenstand unübersichtlich: Sie dreht sich – in nicht immer klaren Abgrenzungen – sowohl um den realen Gestaltungsanspruch der verschiedenen, unter sich keineswegs übereinstimmenden konkreten Konzepte, die insgesamt aber in Konkurrenz zu allen am bisherigen Erwerbsarbeitsparadigma hängenden Vorschlägen stehen, als auch um den unbestimmten Idealismus des Grundeinkommensvorschlags, der als Projektionsfläche für different motivierte gesellschaftliche Innovationswünsche überhaupt fungiert.

Das derart mehrdimensionale, in sich komplexe und in der öffentlichen Wahrnehmung immer noch stark emotional behaftete Thema Grundeinkommen kann daher auch in methodischer Hinsicht nur dann homogen dargestellt und beurteilt werden, wenn man von vornherein zwischen seinen beiden Grundebenen – dem frageorientierten *Ideal* und der antwortzentrierten *Konzeption* des Grundeinkommens – differenziert, um dann in einem zweiten Schritt deren inneren Zusammenhang zu erschließen. Die These, die im Folgenden herausgearbeitet und begründet werden soll, besagt demnach, dass das Grundeinkommen als Konzept zwar einerseits wie andere in die Debatte eingebrachten Vorschläge eine *Antwort* auf die politischen, sozioökonomischen und nicht zuletzt human-lebensweltlichen Gesellschaftsfragen zu geben versucht, dass sein ideelles Potential – vielleicht sogar sein Alleinstellungsmerkmal – aber gerade in der Neuerschließung der *Fragen* liegt, auf die es versucht, eine Antwort zu sein: auch dann, wenn die Konzepte, auf die eine Gesellschaft sich schließlich einigt, am Ende andere sind als die des Grundeinkommens selbst.[2] Die Pointe

---

[1] Hierauf verweist LIEBERMANN 2006, S. 98–100.

[2] Zurecht weist Manfred Füllsack in seinen Überlegungen zur Unabsehbarkeit der Entwicklungsfolgen gesellschaftlicher Gestaltungsmaßnahmen darauf hin, dass das Problemlösungspotential der Grundeinkommensidee nur dann gewahrt bleibe, wenn diese in „hochflexibler Weise", das heißt „notfalls

der vorliegenden Überlegungen besteht darin, dass das Konzept des Grundeinkommens, gerade auch wenn es sich als konkrete Antwort versteht, aus der Logik seiner eigenen Systematik heraus auf eine ergebnisoffene, freiheitliche Frage- und Diskurshaltung verweist, die die Möglichkeit seiner eigenen Ablehnung immer schon impliziert und darin zugleich den Kern seiner eigenen Idee erst realisiert.

Damit ist eine noch formale, aber für die Behandlung des Themas richtunggebende Perspektive gewonnen: Demnach kommt es darauf an, das Grundeinkommen als bewegliches und bewegendes *Thema*, weniger als statisches *Telos* einer inhaltlich bereits fertig ausgerichteten Bewegung zu erfassen.[3] Das Grundeinkommen als Idee hat das immense, allerdings wie bei allen diskursöffnenden Ideen auch leicht zu verspielende[4] Potential, über sich selbst hinauszuweisen – darin aber liegen seine wesentliche Stärke und seine eigentliche Chance.

---

bis zur Selbstaufhebung" (FÜLLSACK 2002, S. 194) in Geltung gebracht werde. (Siehe hierzu insgesamt a.a.O., S. 193–196: Kap. 10.3. „Undogmatisch bis zur Selbstaufgabe".)

[3] Insofern ist die Entwicklung der deutschen Debatte um das Grundeinkommen, die von einer stärker akademisch gehaltenen Diskussion in den 1980er-Jahren aktuell zu einem mehr kampagnenartigen Zuschnitt übergegangen ist (vgl. VOBRUBA 2007, S. 180), zweischneidiger Natur: Indem die Debatte um das Grundeinkommen jetzt zwar stärker im gesellschaftlich-politischen Diskurs verwurzelt und gleichsam wirklichkeitsnäher geworden ist, kann das Thema Grundeinkommen damit zugleich zum Gegenstand einer Bewegung werden, die sich potentiell selbst zu einer Art Stakeholder-Gruppierung verfestigt.

[4] Etwa dann, wenn die Idee in das Hamsterrad eines „Selbstverständigungsdiskurs[es]" geriete, „in dem ohnehin schon alle überzeugt sind." (VOBRUBA 2007, S. 182).

2 Der ideale Charakter des Grundeinkommens

2.1 Das Potential der Entpolarisierung

Dass sich die Idee des Grundeinkommens einer polarisierenden Verfestigung und Lagerbildung entzieht, kommt schon dadurch zum Ausdruck, dass es das *eine* Konzept des Grundeinkommens nicht gibt: In der Diskussion kursieren verschiedene Modelle, die hinsichtlich ihrer Begründungsstruktur, im Blick auf ihre Zielperspektiven und bezüglich ihrer Umsetzungsstrategien teils erheblich divergieren.[5] Dem entspricht die bemerkenswerte Tatsache, dass die Idee des Grundeinkommens quer durch das politische, wirtschaftliche und gesellschaftliche Spektrum diskutiert wird: Es gibt Befürworter und Gegner im politisch „links" gerichteten, aber auch im christlich-konservativen Lager[6], die Idee wird

---

[5] Maßgeblich für die deutsche Debatte sind das Modell des „Bedingungslosen Grundeinkommens" des Unternehmers Götz W. Werner, dessen ökonomisch-fiskalische Umsetzung auf einer Anhebung der Konsumsteuer gründet; weiterhin das auf der Idee einer unbedingten negativen Einkommensteuer aufgebaute Modell des „Solidarischen Bürgergeldes" des ehemaligen thüringischen Ministerpräsidenten Dieter Althaus (ALTHAUS 2007), das in einer von der Konrad-Adenauer-Stiftung in Auftrag gegebenen Studie (BORCHARD 2007) u.a. hinsichtlich seiner Finanzierbarkeit überprüft wurde und in Teilen auf dem von Helmut Pelzer aus dem so genannten Ulmer Modell (PELZER 1994) weiterentwickelten Transfergrenzen-Modell (vgl. FISCHER/PELZER 2004 u. PELZER 2007) aufbaut. Zur Debatte stehen weiterhin das von Michael Opielka vertretene Modell der „Grundeinkommensversicherung", das auf der Erhebung einer Sozialsteuer basiert (OPIELKA 2005), sowie die vom Leiter des Hamburgischen Weltwirtschaftsinstituts Thomas Straubhaar entwickelte Position, die Elemente sowohl des solidarischen Bürgergeldes (D. Althaus) als auch des unbedingten Grundeinkommens (G. Werner) einbezieht und eine Mischfinanzierung aus Konsum- und Einkommensteuer empfiehlt (HOHENLEITNER/STRAUBHAAR 2008, S. 82). Ebenfalls in Richtung eines Grundeinkommens zielt das von Gerd Grözinger, Michael Maschke und Claus Offe vertretene Konzept der „Sozialerbschaft" (GRÖZINGER et al. 2006), das eine ohne Bedingung gewährte Einmalzahlung ab dem 18. Lebensjahr für alle Bürger vorsieht.

[6] Auf parteipolitischer Ebene hat neben der Initiative des Politikers Althaus für die CDU (siehe oben, Fn. 5), die wiederum von anderen christlich-sozialen Politikern skeptisch betrachtet wird (vgl. BLÜM 2007), die Partei DIE LINKE mit Katja Kipping und Ronald Blaschke entschiedene Fürsprecher für ein unbedingtes Grundeinkommen; insgesamt ist die Idee innerparteilich aber auch hier stark umstritten. Während die Grundeinkommensidee innerhalb der Sozialdemokratischen Partei Deutschlands (SPD) bis heute keine nennenswerte Rolle spielt, war die Partei DIE GRÜNEN bereits in der deutschen Grundeinkommensdebatte der 1980er-Jahre federführend und diskutierte zuletzt verschiedene Vorschläge für ein „Partielles Grundeinkommen": u.a. das von Thomas Poreski und Manuel Emmler 2006 entwickelte Modell einer „Grünen Grundsicherung" (EMMLER/PORESKI 2006) und das im Umfeld von Gerhard Schick konzipierte „Modulare Grundeinkommen" (SCHICK et. al. 2007), dessen Konzeption die Entwürfe von G. Werner, W. Straubhaar und D. Althaus als vermeintliche sozialstaatliche Abbruchunternehmungen ablehnt und sich explizit als „grünes Gegenmodell" (a.a.O., S. 9) hierzu versteht. Mittlerweile haben sich BÜNDNIS 90/DIE GRÜNEN auf ihrer 27. Bundesdelegiertenkonferenz im November 2007 allerdings mehrheitlich gegen das Konzept des Grundeinkommens entschieden. Die Freie Demokratische Partei (FDP) hat am 07.05.2005 auf ihrem 56. Parteitag in Köln die Einführung eines „Liberalen Bürgergeldes" nach dem Prinzip der negativen Einkommensteuer beschlossen; da dessen Gewährung allerdings an Arbeitswilligkeit und Bedürftigkeitsprüfungen gekoppelt bleibt, erfüllt es nach gängiger Auffassung die Kriterien eines Grundeinkommens nicht. Auch das von sozialwissenschaftlicher Seite durch Ulrich Beck eingebrachte Konzept des Bürgergeldes bzw. der Bürgerarbeit ist hinsichtlich seiner Klassifizierung als Grundeinkommensmodell umstritten, da es ein garantiertes Entgelt an bürgerliche Eigeninitiativen im kommunal-sozialen Bereich bindet („Grundeinkommen für Arbeiten", BECK 2008). Auf republikanisch-liberaler Grundlage und im Rahmen eines integrativen Wirtschaftsverständnisses wird ein unbedingtes Grundeinkommen schließlich von dem St. Gallener Wirtschaftsethiker Peter Ulrich vertreten (ULRICH 2001).

von marktliberal orientierten Wirtschaftsfachleuten und erfolgreichen Unternehmern ebenso unterstützt wie von zivilgesellschaftlichen Gruppierungen mit erklärtem anti-neoliberalistischem Selbstverständnis. Dieser Umstand, der zwar auf der Ebene der jeweils unterschiedlichen Konzeptualisierungen des Grundeinkommens angesiedelt ist, bringt gleichwohl ein wesentliches Merkmal seiner übergreifenden ideellen Grundcharakteristik zur Geltung: In ihm schlägt sich das Potential der Grundeinkommensidee nieder, überkommene Klassifikationsschemata, die in der öffentlich-politischen Debatte die Problemsicht häufig mehr versperren als strukturieren, zu durchbrechen. Das gilt in besonderem Maße für die weitgehend immer noch diskurs*beherrschende* und damit zugleich diskurs-*hemmende* Polarisierung von politischen, gesellschaftlichen und wirtschaftlichen Konzepten in ein „rechtes" und ein „linkes", in ein „(neo-)liberales" oder „sozial(staatlich)es", in ein auf „Leistung" oder „Umverteilung" orientiertes Lager. Indem sich das Grundeinkommen in seinem ideellen Kern einer solchen ideologisierenden Zuordnung nach allen Seiten hin strukturell entzieht[7], ist es nicht nur geeignet, selbst als Schnittstelle von „sozialistische[m] Herz" und „neoliberale[m] Verstand"[8] oder gar als „capitalist road to communism"[9] zu fungieren; sondern es weist noch über das eigene Anliegen hinaus auf einen möglichen Standpunkt jenseits derartig polarisierender Differenzierungsschemata und vermag auf diese Weise ein grundsätzliches Nachdenken über Sinn, Angemessenheit und Orientierungskompetenz der für die Problemwahrnehmung und Lösungssuche aktuell leitenden politischen Kategorisierungsmuster anzuregen. Die Möglichkeit und die Machbarkeit der Überwindung polarisierenden Lagerdenkens, das eine sachorientierte und problemadäquate Auseinandersetzung mit politischen, gesellschaftlichen und wirtschaftlichen Fragen häufig erschwert, ist daher ein erstes Resultat im Blick auf die Erschließung von Fragehorizonten, für die das Grundeinkommen in seinem ideellen Gehalt das geeignete Vehikel sein könnte.[10]

---

7 Zurecht, weil aus der Sache begründet empfiehlt, Manfred Füllsack daher, „die Grundeinkommensfrage jenseits der klassischen Perspektiven ‚Links' und ‚Rechts' zu erörtern." (FÜLLSACK 2002, S. 126)
8 Formulierung von Stephan Dörner; zitiert nach: WERNER 2007, S. 168.
9 VAN DER VEEN/VAN PARIJS 1986, Titel.
10 Insofern ist Götz Werner zuzustimmen, wenn er bemerkt: „Wir müssen uns nur davor hüten, in den Schablonen archaischer Freund-Feind-Relationen und naiver Schuldzuweisungen zu denken." (WERNER 2007, S. 167) – Damit soll freilich nicht gesagt sein, dass Kategorisierungen und standpunktliche Verfestigungen nicht auch eine sinnvolle orientierende und strukturierende Funktion haben können: Diskursbehindernd werden sie erst dann, wenn sie sich absolut setzen und dadurch in ihrer Relativität und grundsätzlichen Überprüfungsbedürftigkeit nicht mehr wahrgenommen werden.

2.2 Das Potential der Denkraumerschließung

Ein zweites Resultat zeigt sich, wenn man auf die Kernidee des Grundeinkommens schaut, diese aber zunächst nicht inhaltlich[11], sondern nur im Blick auf ihren Anspruchsstatus bewertet. Während sich die einzelnen konkreten Grundeinkommens*konzepte* und -*vertreter* als hochgradig different erweisen, aber dadurch auch ein lagerübergreifendes und in diesem Sinne überparteiliches Potential entwickeln können, folgen sie zugleich einer einheitlichen, wenngleich verschieden ausgelegten *Idee*, die bei aller Differenzierung die gemeinsame Grenzmarkierung des Grundeinkommensvorschlags zu allen anderen in die Debatte eingebrachten Konzepten darstellt: die Idee der prinzipiellen[12] Entkoppelung von Einkommen und Erwerbsarbeit. Das heißt konkret: Jedem Bürger soll vom Staat – möglichst in existenzsichernder Höhe – ein individuelles Basiseinkommen ausbezahlt werden, und zwar auf der Grundlage eines unbedingten Rechtsanspruchs, also ohne Bedürftigkeitsprüfung und ohne bedingende Gegenleistung, insbesondere ohne Bindung an eine Arbeitsverpflichtung oder an eine grundsätzliche Arbeitsbereitschaft wie im aktuellen deutschen Sozialtransfersystem als Normalanspruchsgrundlage vorgesehen.[13] Obwohl mit der Grundeinkommensidee weder intendiert ist, individuell entlohnte Erwerbsarbeit als Einkommensfaktor abzuschaffen oder gesamtgesellschaftlich auch nur für entbehrlich zu halten[14], zielt diese Idee auf nichts weniger als einen Paradigmenwechsel. Auf der Ebene der verschiedenen Grundeinkommenskonzepte betrifft dieser Paradigmenwechsel konkrete operative und funktionale Aspekte der sozioökonomischen Organisation: so etwa die Möglichkeit einer Umstellung des Sozialtransfersystems, Veränderungen – insbesondere Verschlankungen – der Verwaltungsstruktur, Fragen der Umsetzung im Blick auf Finanzierung, politische Durchsetzbarkeit und wirtschaftliche Folgeeffekte. Auf der ideellen Ebene

---

[11] Eine inhaltliche Erörterung dieser Idee erfolgt weiter unten, siehe Abschnitt 3.

[12] Die Pointe besteht tatsächlich darin, dass die Idee des Grundeinkommens eine Aufhebung des *Prinzips* der Verknüpfung von Erwerbsarbeit und Einkommen anstrebt; das ist nicht gleichbedeutend damit, den Arbeitsbezug von Einkommen *faktisch* für alle Fälle aufzulösen.

[13] Vgl. die entsprechenden Kriterien der Initiative *Netzwerk Grundeinkommen*. Das garantierte Grundeinkommen soll hiernach „die Existenz sichern und gesellschaftliche Teilhabe ermöglichen, einen individuellen Rechtsanspruch darstellen, ohne Bedürftigkeitsprüfung ausgezahlt werden, keinen Zwang zur Arbeit bedeuten." (www.grundeinkommen.de/die-idee; Stand: 23.07.09) – Vgl. auch die Definition des 1986 zunächst als europäische, 2004 dann als weltweite Vereinigung gegründeten *Basic Income Earth Network* (BIEN): „A basic income is an income unconditionally granted to all on an individual basis, without means test or work requirement. It is a form of minimum income guarantee that differs from those that now exist in various European countries in three important ways: it is being paid to individuals rather than households; it is paid irrespective of any income from other sources; it is paid without requiring the performance of any work or the willingness to accept a job if offered." (http://www.basicincome.org/bien/aboutbasicincome.html; Stand: 23.07.09)

[14] „Das bedingungslose Grundeinkommen will die Arbeit keineswegs abschaffen, geschweige denn gut bezahlte Arbeit ersetzen." (WERNER 2007, S. 101)

setzt der geforderte Paradigmenwechsel aber zunächst und als Voraussetzung für jegliche – nicht nur grundeinkommensbezogene – realgesellschaftliche Reformkonzeption eine Öffnung von Denkräumen voraus; er bezieht sich also primär auf die häufig unbewussten, aber weichenstellenden kulturell-geistigen und ethisch-normativen Werthaltungen, die der Gesellschaftsordnung untergründig als „Selbstverständnisse" eingeschrieben sind: Das betrifft etwa die anthropologisch-ethische Frage nach dem Status und der Bedeutung von Arbeit für den Menschen, den gerechtigkeitstheoretischen Aspekt des Verhältnisses von individueller Leistung und gesellschaftlicher Wertschöpfung, die Auffassung über das Verhältnis von Wohlstand und gutem Leben sowie die Frage nach den Grundlagen und Entfaltungsbedingungen von Freiheit.[15]

Allgemeine Voraussetzung dafür, den intendierten Paradigmenwechsel der Grundeinkommensidee – die Entkopplung von Arbeit und Einkommen und damit die Abkehr vom Erwerbsarbeitsparadigma[16] – zu *verstehen* (nicht notwendig zu *akzeptieren*), ist aber die Einsicht, dass solche „Selbstverständnisse" niemals feststehen, sondern immer schon im Wortsinn fraglich sind: Weil es sie als aus sich selbst heraus verständliche, gleichsam naturhaft vorfindbare oder gesetzlich ableitbare und damit unhinterfragbare Bestimmungen grundsätzlich nicht gibt. Ein Beispiel dafür ist das so genannte „Normalarbeitsverhältnis", das derzeit nicht nur unmittelbar als Erwerbsgrundlage im Sinne direkter Vergütung oder mittelbar als Anspruchsgrundlage für Sozialtransferleistungen wie Arbeitslosen- und Altersrentengeld dient, sondern zudem auch als Norm sozialer Anerkennung und lebensweltlicher Orientierung. Dass Arbeit gerade in der Bestimmung eines existenzsichernden, in der Regel nicht-selbständigen und zeitlich unbefristeten Vollzeitarbeitsverhältnisses zur „Norm" erhoben wird, ist unabdingbar selbst bereits das Ergebnis einer normativen Wertung. Der Normcharakter eines solchen „Normalarbeitsverhältnisses" stellt sich dementsprechend nicht nur dann in Frage, wenn reale Entwicklungen der sozioökonomischen Rahmenbedingungen eintreten, die die Funktionalität und Tauglichkeit dieser Norm gleichsam empirisch in Frage stellen – aktuell etwa durch globalisierungsbedingte Flexibilisierungen der Erwerbsarbeitsbiographien oder durch technologisch bedingte Veränderungen der Anforderungs- und Qualifikationsprofile moderner Arbeitsprozesse. Sondern wie alle sozial konstituierten Tatsachen stellt auch diese Norm eine geronnene Wertung dar, die niemals rein

---

[15] Eine detaillierte Auffächerung des Fragenfeldes siehe unten, Abschnitt 3.2.
[16] Die Eignung des in diesem Zusammenhang häufig oberflächlich und dekontextualisiert verwendeten Paulus-Zitats „Wer nicht arbeitet, soll auch nicht essen" (PAULUS, 2 Thess 3, 10) als Ausdruck und historische Referenz dieses Erwerbsarbeitsparadigmas ist übrigens fragwürdig.

aus einer ökonomischen Sachlogik abgeleitet werden kann[17] und deshalb *prinzipiell* Gegenstand einer ständigen normativen Neuversicherung und gegebenenfalls der Veränderung ist. Die Grundeinkommensidee, gerade weil sie unabhängig von ihrer konkreten Zielrichtung im Grundsatz eine paradigmatische Innovation anstrebt, hat das Potential, diese Relation neu zum Bewusstsein zu bringen.

Verallgemeinert man den oben exemplarisch entwickelten Zusammenhang, so ist er für die Einschätzung der Grundeinkommensdebatte aber noch von einem weiteren Belang, insofern er nämlich auf das konstitutive utopische Moment aller Entwürfe gemeinschaftlichen Lebens verweist. Gerade in der Vorhaltung, die Grundeinkommensidee eigne sich zwar als Grundlage für eine neue Sozial*utopie*, nicht jedoch als wirklichkeitstaugliches Sozial*konzept*, gründet aber ein erheblicher Teil der ablehnenden Haltung gegenüber der Idee. Damit ist die Blickrichtung auf die Frage nach dem Realitätsbezug gerade des utopischen Potentials des Grundeinkommens gelenkt.

2.3 Das utopische Potential

In der Tat: Die Idee des Grundeinkommens, entgegen dem gegenwärtigen erwerbsarbeitszentrierten „Selbstverständnis" ein Sockeleinkommen unabhängig von Gegenleistung und Bedürftigkeit – also unbedingt – durch den Staat zu garantieren, ist bereits in einem ganz konkreten Wortsinn utopisch, d.h. „ortlos"[18]: Sie ist bislang noch nirgends im vollumfänglichen Sinne umgesetzt und unter Realbedingungen erprobt.[19] Welche argumentativen Konsequenzen aus diesem Umstand zu ziehen sind, ist aber selbst auf dieser zunächst noch *faktisch*-utopischen Ebene keineswegs klar, sondern abhängig davon, wie man sich zu der zeitlosen philosophischen Grundsatzfrage nach der richtigen Ausgangsperspektive stellt: ob nämlich realistisch von der normativen Kraft des Faktischen oder idealistisch von der faktenschaffenden Kraft des Normativen

---

[17] Wie Georg Simmel herausgearbeitet hat, gibt es im Grunde überhaupt keine „reinen" ökonomischen Tatsachen schlechthin (vgl. SIMMEL 1989, S. 11). Vielmehr sieht Simmel in der Wertkategorie, die alle Dinge umfasst, eine eigene Dimension von Welthabe (vgl. a.a.O., S. 23 ff.). – Die Ablehnung einer vermeintlich reinen ökonomischen Sachlogik ist auch zentraler Bestandteil der integrativen Wirtschaftsethik (siehe ULRICH 2001).

[18] ,Utopie' von griech. *ou-topos* = ,Nicht-Ort'.

[19] Gleichwohl hat es experimentelle Ansätze für eine solche Erprobung gegeben: Hierzu zählt ein von 1968 bis 1971 in den US-Staaten New Jersey und Pennsylvania durchgeführter Feldversuch, bei dem eine über das Konzept der negativen Einkommensteuer umgesetzte Einkommensgarantie für 1.300 Familien erprobt wurde. Inwieweit die daraus gewonnenen Erkenntnisse verallgemeinerungsfähig sind, ist allerdings fraglich; siehe hierzu FÜLLSACK 2002, S. 114 f. – Im Januar 2008 ist ein auf zwei Jahre begrenzter Pilotversuch in Namibia gestartet, ein erster Zwischenbericht liegt inzwischen vor (HAARMANN et. al. 2009).

auszugehen sei. Je nach Standpunkt in dieser Frage wird man in der Grundeinkommensdebatte sowohl bei den Befürwortern als auch bei den Gegnern stärker bei der *Idee* des Grundeinkommens ansetzen (idealistische Position) oder bei den *Konzepten* (realistische Position), stärker die grundsätzliche *normative* Begründung oder stärker die konkrete Problemlösungskompetenz und *reale* Umsetzungsperspektive in den Vordergrund stellen.[20]

Aber auch unabhängig davon, wie man sich in diesem Positionierungsfeld innerhalb der Debatte platziert, so erschließt sich die Wirklichkeitsrelevanz der utopischen Dimension der Grundeinkommensidee noch auf einer grundsätzlicheren Ebene: Wenn nämlich die Geltung aller gesellschaftspolitischen Ideen – auch derjenigen des Erwerbsarbeitsparadigmas oder des (Arbeits-)Marktprinzips als zentralem produktions- und allokationssteuernden Mechanismus – nicht per se feststeht, sondern auf tiefgründigen, prinzipiell wandelbaren Wertungen beruht und auf dieser Grundlage immer erst konstituiert werden muss, zeigt sich, dass jeder gesellschaftspolitischen Idee strukturell und unvermeidlich ein utopisches Moment innewohnt – die Utopie ist selbst ein Bestandteil sozialer Realität. Dieser Sachverhalt lässt sich auch verdeutlichen, wenn man auf die Geschichtlichkeit der gesellschaftlich handelnden Personen fokussiert, denn Gesellschaft ist Menschenwerk im Wortsinn: Indem sie von freien und gerade deshalb grundsätzlich variablen menschlichen Entscheidungen abhängt, ist sie zumindest potentiell ständig in Bewegung – sie ist von ihrem Wesen her kein systemisch-statischer *Zustand*, sondern ein dynamisch-prozesshaftes, d.h. geschichtliches *Gebilde*. Verstanden als ein solcher zeitlich strukturierter Prozess ist Gesellschaft aber unweigerlich von zwei Seiten utopisch durchdrungen: Ihre jeweilige Realisationsform bewegt sich immer zwischen dem benennbaren utopischen Nicht-Mehr ihrer Vergangenheit und dem intendierten utopischen Noch-Nicht ihrer Zukunft.[21] Die Veränderung bestehender gesellschaftlicher

---

[20] Es gibt also vier idealtypische Positionen, die natürlich in den tatsächlich vertretenen Realpositionen Schnittmengen und Überkreuzungen aufweisen können: 1) den idealistischen Befürworter, der die Diskussion verschiedener konkreter Modelle und deren Realisierungschancen als zweitrangig oder sogar als gefährlich für die Durchsetzung der Idee ansieht; 2) den realistischen Befürworter, der mehr Wirklichkeitsnähe anmahnt und vor einem Verbleiben der Debatte in theoretischen Begründungsdiskursen warnt; 3) den idealistischen Ablehner, der auf prinzipieller Ebene für eine Beibehaltung des Erwerbsarbeitsparadigmas optiert; 4) den realistischen Ablehner, der sich entweder direkt oder im Rahmen einer Risiko- bzw. Wahrscheinlichkeitsabschätzung auf die Unfinanzierbarkeit, auf politisch-gesellschaftliche Akzeptanzprobleme oder nachteilige sozioökonomische Folgeeffekte beruft.

[21] Insofern ist es konsequent, wenn Annemarie Pieper „kontrafaktische Zukunftsentwürfe in Gestalt von Utopien" geradezu als „Baustein für eine zeitgemäße Wirtschaftsethik" (PIEPER 1992, S. 98) erachtet: „Utopien [...] haben eine innovative Kraft und zugleich eine gesellschaftskritische Funktion. [...] Was [...] heute not tut, sind praktische Gedankenexperimente, in denen auf dem Boden einer zeitkritischen Analyse ein Stück Zukunft antizipatorisch vorweggenommen wird." (ebd.) – Auch mit Blick auf das Grundeinkommen vor dem Hintergrund der Unterscheidung von *Ideal* und *Konzept* ist ein so verstandenes dynamisch-kritisches Utopiepotential allerdings abzugrenzen von einem anderen, statischen Utopiebegriff, der auf „Konstrukte eines Idealstaats" als „überzeitlich gültige, geschichtslose Modelle eines unüberbietbar guten sozialen Lebens" (ebd.) abhebt.

Verhältnisse ist daher – auf einer grundsätzlichen Ebene betrachtet – weder Resultat sozialrevolutionärer Umsturzphantasien, noch ergibt sie sich gleichsam gesetzmäßig und eigenlogisch aus ihren historischen Entstehungsbedingungen[22], sondern sie ist Implikat der im beschriebenen Sinne utopischen Struktur von Gesellschaft selbst. Sowohl der Vergangenheits- als auch der Zukunftsbezug dieser utopischen Struktur stehen dafür ein, dass die gesellschaftlichen Verhältnisse eine fortwährende Gestaltungs*aufgabe* und – untrennbar damit verbunden – auch eine fortwährende Gestaltungs*herausforderung* sind.

Ein wesentliches Potential der Grundeinkommensidee, aber auch der Grund für ihre partei- und positionsübergreifende Anziehungskraft liegt darin, dass sie – nicht trotz, sondern gerade aufgrund ihres eigenen utopischen[23] Charakters – für diesen fundamental-utopischen Zusammenhang eine Stellvertreterrolle einnehmen kann. Das kritisch-utopische Potential des Grundeinkommens als *regulativer Idee*[24] entfaltet sich damit noch vor und unabhängig von der Frage, ob man den Vorschlag des Grundeinkommens *inhaltlich* befürwortet oder nicht: Indem das Grundeinkommen ganz allgemein für die Veränderbarkeit von Gesellschaft einsteht, indem es Gesellschaft als aktiv zu gestaltenden und auch gestaltbaren Handlungsraum neu in Geltung setzt und damit eine grundsätzliche Möglichkeit aufzeigt, aus dem vorherrschenden Muster reaktiven Sachzwangdenkens auszubrechen.

2.4 Das politisch-diskursive Potential

Damit weist die Grundeinkommensidee in doppelt-utopischer Gerichtetheit einerseits über sich selbst *hinaus*, andererseits aber zugleich auf ihren eigenen fundamental-politischen Kontext, den Grund einer freiheitlich-demokratischen Wertekultur, *zurück*: Sie steht in Platzhalterfunktion für das Ideal einer selbstbestimmten, aufgeklärten und damit urteilsfähigen politischen Kultur. Dieser Umstand hat mehrere Implikationen, die für eine Einschätzung der Grundeinkommensidee sowohl im Blick auf ihren Status als regulative Idee als auch hinsicht-

---

[22] Dies steht gegen die Auffassung „eines unvermeidlichen Gangs der Dinge" (EHLERS 2007, S. 189) hinsichtlich der Fortentwicklung sozioökonomischer Verhältnisse.

[23] An dieser Stelle sei noch einmal erinnert: Der utopische Charakter der Grundeinkommensidee impliziert nicht, dass diese „unrealistisch" sei: Auf der Grundlage eines nicht-reduktiven Wirklichkeitsverständnisses *ist* das utopische Element gerade ein Bestandteil der gesellschaftlichen Realität, und zwar in dem Maße, wie das utopische Moment, d.h. der Entwurf-Charakter Konstituens menschlicher Existenz überhaupt ist.

[24] Vgl. FÜLLSACK 2002, S. 10: „Die Frage nach der Möglichkeit der Trennung von Arbeit und Einkommen durch ein garantiertes Grundeinkommen soll hier gleichsam als *regulative Idee* im Kantischen Sinn diskutiert werden, die kommenden Diskussionen und sozialpolitischen Maßnahmen Orientierungshilfen und Denkanstöße geben will [...]."

lich ihres konkreten Gestaltungsanspruchs als sozialpolitisches Realkonzept von Belang sind.

Erstens: Die zeitlos gültige und immer wieder neu anzugehende Frage, wie das Zusammenleben in einem Gemeinwesen gestaltet sein soll, ist nicht unabhängig vom Verständigungsprozess seiner Bürgerinnen und Bürger entscheidbar, denen gleichsam die fundamentale Richtlinienkompetenz zukommt: Das gilt auch in Bezug auf den gesellschaftlichen Gestaltungsvorschlag, den das Grundeinkommen in die Debatte eingebracht hat. Diese Frage zu beantworten ist im Grundsatz weder Angelegenheit von Fachexperten noch von politischen Funktionsträgern – und auch nicht an diese delegierbar –, sondern Auftrag an eine kritische und aufgeklärte öffentliche Urteilsbildung. Ein solcher Prozess der Urteilsbildung muss sich zwar natürlich im realistischen Rahmen tatsächlicher Sachverhältnisse und gebotener Handlungsspielräume bewegen und ist daher sowohl wissenschaftlich-fachlich zu begleiten wie politisch – nicht zuletzt bildungspolitisch – zu stützen. Aber in einem freiheitlich verfassten Gemeinwesen, das es ernst meint mit dem Gedanken der Partizipation, beantwortet sich die sozialethische Grundfrage nach dem guten Leben gleichsam nicht von oben, sondern von unten.[25]

Zum Zweiten ist festzustellen, dass hierin mehr liegt als nur eine legitimatorische Feststellung oder ein kraftloses normatives Postulat. Denn Macht – auch die Macht zur gesellschaftlichen Veränderung und Gestaltung – ist im tiefsten Grunde das Ergebnis einer Übereinkunft, d.h. der übereinkommenden Verständigung von Menschen, und nicht Ausfluss institutionalisierter Positionen von Stärke[26]: Macht wird zwar gleichsam von oben, d.h. von Spitzenpositionen, ausgeübt und wahrgenommen, aber ihr Ursprung und ihre Erhaltungskraft – nicht nur ihre Legitimation – wurzeln immer an der Basis. Im Grundsatz bedeutet dies: Die Gesellschaft in einem freiheitlichen Gemeinwesen *soll* nicht nur vom Bürger gestaltet werden, sie *kann* es auch. Die häufig anzutreffende, sich allzu gerne selbst bestätigende und im Übrigen nicht unbequeme resignative Grundhaltung, wonach der Einzelne ja doch nichts tun könne, lässt sich aus dieser machttheoretischen Perspektive umkehren: In gewissem Sinne kann nur der Einzelne etwas tun, nämlich in der diskursiven und einvernehmlichen Verständigung mit der Vielheit der anderen Einzelnen, die zusammen Öffentlichkeit generieren.[27]

---

[25] Vgl. BOOMS 2008. – Dabei ist freilich darauf hinzuweisen, dass die Unterscheidung von „oben" und „unten" selbst nicht wieder im Sinne einer sozialen Klassifizierung – oder gar eines Klassenkampfes – zu verstehen ist: Auch der Inhaber einer gesellschaftlichen, politischen oder wirtschaftlichen Spitzenposition gehört im Blick auf seinen Bürgerstatus zur Basis und ist sozusagen „unten".

[26] Zum Verhältnis von Macht und Stärke vgl. ARENDT 2000, S. 174 f.

[27] Dieser Zusammenhang lässt sich auch andersherum formulieren: Gegen einen machtgenerierenden öffentlichen Willensbildungsprozess kann kein Einzelner an – und sei er noch so stark.

Drittens ist im gegebenen Zusammenhang aber ebenso deutlich zu betonen, dass das Recht und die Möglichkeit zur gesellschaftlichen Gestaltung zugleich einhergehen mit einer erheblichen Verantwortungsbelastung jedes einzelnen Bürgers: Der Einzelne *soll* und *kann* nicht nur mitbestimmen, sondern im Sinne einer politisch-ethischen Verpflichtung *muss* er es auch – und er muss kompetent sein, dies tun zu können. Die Wahrnehmung (im doppelten Sinn der Kenntnisnahme und Ausübung) dieser gesellschaftlichen Verantwortung ist aber von verschiedenen Seiten gefährdet: *in der Sache* durch die zunehmende Komplexität und Verflochtenheit gesellschaftlicher, politischer und wirtschaftlicher Zusammenhänge, die immer mehr Menschen immer weniger durchschauen können; *in der Haltung* durch eine zunehmende Abwendung vieler Menschen von Angelegenheiten der *res publica*, die in ihrer tragenden Bedeutung nicht mehr erkannt oder gewürdigt wird. In Zusammenhang damit steht ein Wandel der *öffentlichen Kultur* in Richtung einer zunehmenden Privatisierung und zugleich Mediatisierung menschlicher Lebenswelt[28], und damit einhergehend ein – äußerlich durch technische Fortentwicklung bedingter – Wandel der sozialen *Kommunikationskultur* mit einer zunehmenden Gewichtsverlagerung vom unmittelbaren, personenbezogenen Gesprächsaustausch hin zu einem unpersönlichen, elektronisch mediatisierten Informationsaustausch. Auch *ökonomischbiographische* und *bildungspolitische* Aspekte spielen in diesem Kontext eine Rolle: Die Notwendigkeit, aus Gründen der Existenzsicherung immer mehr Anteile der eigenen Lebensgestaltung einem verschärften Qualifizierungs- und Leistungsdruck überschreiben zu müssen, kann den tragenden Grund eines freiheitlich-demokratischen Gemeinwesens ebenso gefährden wie eine unverhältnismäßige Zentrierung von Bildung auf arbeitsmarktbezogene bzw. berufsausbildende *Qualifizierung* zu Lasten einer übergreifenden geistigen und kulturellen *Orientierung* als Grundlage für verantwortliche Urteilsbildung und politischen Gemeinsinn. Menschen aber, die am politischen Urgeschehen des öffentlichen Meinungsaustauschs nicht mehr teilnehmen können oder wollen, geben jedenfalls ihr Gestaltungspotential aus der Hand; sie stehen außerhalb des öffentlichen Diskurses als Ort, wo Freiheit machtvoll zu gesellschaftlicher Wirklichkeit gerinnen kann. Hierin liegt der Grund, warum die Vernachlässigung oder

---

[28] Diese Privatisierungstendenz steht dabei keineswegs in Widerspruch zu der immer stärkeren Bedeutung der elektronischen Massenmedien für die lebensweltliche Orientierung von Menschen: Die Tatsache, dass viele Dinge, die früher dem Privatbereich vorbehalten waren, nunmehr öffentlich-medial inszeniert werden, spricht nicht für eine Öffnung des Privatbereichs in Richtung einer erweiterten öffentlichen Kultur, sondern umgekehrt für eine zunehmende Privatisierung dessen, was als *res publica*, als Angelegenheiten von öffentlichem Belang, angesehen wird. Fernsehformate wie die berühmte Big-Brother-Staffel, die das Ur-Private, den häuslichen Nah- und Intimbereich, in das Licht einer großen Öffentlichkeit und öffentlichen Diskussion stellen, spiegeln diese Tendenz wieder: Es handelt sich dabei nicht um eine Veröffentlichung des Privaten, sondern um die Privatisierung des Öffentlichen – ein Prozess mit erheblichen politischen Implikationen.

gar der Verfall einer öffentlichen Kultur ein so bedrohliches und freiheitsgefährdendes Potential in sich birgt.

Die Diskussion um das Grundeinkommen steht in vielfacher Weise mit diesen knapp skizzierten fundamental-politischen Zusammenhängen in Verbindung. Dabei ist es auch hier angeraten, zwischen dem ideellen und dem gestalterischen Potential des Grundeinkommens – d.h. seiner utopischen Verweisungsstruktur und seinem konkreten Realisierungsanspruch – zu differenzieren. In erstgenannter Hinsicht ist die Debatte um das Grundeinkommen selbst bereits ein politisches Phänomen: Die Grundeinkommensidee nimmt hier einerseits eine Platzhalterhaltestelle für die Ansprüche einer partizipativ orientierten, demokratisch aufgeklärten Kultur ein, zum anderen aber ist sie – gerade auch in der Kontroverse, die sie auslöst – geeignet, einen Teil dieser Kultur selbst zu generieren.[29] Im Blick auf ihr politisches Aktivierungspotential in *förmlicher* Hinsicht hat die *Idee* des Grundeinkommens daher die Chance, einen ergebnisoffenen Diskurs über gesellschaftliche Orientierungsfragen aufzuwerfen, der eine vom *Inhalt* dieser Idee unabhängige Wertigkeit an sich aufweist.

Zugleich erhebt das Grundeinkommen im Sinne eines soziopolitischen *Konzepts* aber Anspruch darauf, *innerhalb* dieses Diskurses als inhaltlich-konkrete Antwort in Konkurrenz zu anderen gesellschaftspolitischen Konzepten zu überzeugen.[30] Im Blick auf die Sicherstellung und Stärkung eines demokratisch-partizipativen Gemeinwesens, die Entfaltung persönlicher und gesellschaftlicher Freiheit sowie die Stärkung produktiven Initiativgeists versteht sich das Grundeinkommen auf dieser Ebene also nicht bloß als Plattform und Medium der kritischen Diskussion und der ergebnisoffenen Wegfindung, sondern als eigenständige Antwort und Zielvorgabe.

Im Folgenden soll daher betrachtet werden, welche Antworten das Grundeinkommen als Lösungs- und Zielkonzept vorzuschlagen hat, auf welchen Begründungen diese Antworten beruhen und in welchem Verhältnis zu konkurrierenden Konzepten sie stehen.

---

[29] Dabei kommt der Debatte in ihrer jüngsten und aktuellen Erscheinungsform – anders als in der vorangegangenen Phase der 1980er-Jahre – zugute, dass sie primär zivilgesellschaftlich, also an der Basis der Gesellschaft, initiiert und verwurzelt ist und erst von dort allmählich in den politischen und auch wissenschaftlichen Diskurs übergreift.

[30] Beide Perspektiven auf das Grundeinkommen können übrigens unabhängig voneinander bestehen: Wer die Diskussion um das Grundeinkommen im Blick auf sein politisch-partizipatives Aktivierungspotential befürwortet, muss kein Befürworter des Grundeinkommens im Sinne eines politisch-gesellschaftlichen Programms sein; wer umgekehrt das Grundeinkommen als konkretes Lösungskonzept umsetzen will, muss nicht zwingend seine diskursinitiierende und damit ergebnisoffene – d.h. gegebenenfalls auch über sich selbst hinausweisende – Funktion als Platzhalter der politischen Kultur im Blick haben. Kurz gefasst: Die „formalen" Befürworter der Grundeinkommens*debatte* und die „inhaltlichen" Befürworter des Grundeinkommens *selbst* sind nicht notwendig deckungsgleich.

3 Der reale Gestaltungsanspruch des Grundeinkommens

Will man die Antwort des Grundeinkommenskonzeptes in seinem konkreten Problemlösungsanspruch vernünftig bewerten und gegenüber alternativen gesellschaftspolitischen Vorschlägen vorurteilsfrei erörtern, ist es zunächst erforderlich, sich Klarheit über die Eingangsvoraussetzung einer vernünftigen Erörterung zu verschaffen.

3.1 Voraussetzung einer vernünftigen Bewertung des Grundeinkommens

In diesem Zusammenhang ist zunächst daran zu erinnern, dass die Grundeinkommenskonzeption den Anspruch erhebt, nicht innerhalb des bestehenden Regelungsrahmens das Verhältnis von Einkommen, Erwerb und solidarischer Grundversorgung zu reformieren und neu zu regeln, sondern diesen Rahmen selbst in grundlegender Weise zu verändern.[31] Dass die sozioökonomische Rahmenordnung idealiter gestaltungsfähig und -bedürftig ist, wurde oben bereits im Blick auf die Frage nach der Bewertung des utopischen Potentials der Grundeinkommensidee grundsätzlich erläutert. In der realen Auseinandersetzung und insbesondere in der öffentlichen Breitenwahrnehmung beruht aber ein erheblicher Teil der emotionalen Widerstandsreflexe gegen das Grundeinkommenskonzept darin, dass die Relativität des eigenen, dabei in Anspruch genommenen Bezugsrahmens nicht mit reflektiert wird. Nach den Maßstäben der heutigen Erwerbsgesellschaft, wonach Einkommen grundsätzlich an eine individuell zu erbringende Arbeitsleistung gekoppelt ist, muss etwa die Forderung, dass alle Bürger vorbehaltlos mit einem Grundeinkommen zu versorgen seien – also auch solche, die ganz explizit keiner Erwerbsarbeit nachgehen wollen –, geradezu als Verhöhnung der Leistungsbereiten und Arbeitswilligen erscheinen. Eine solche Bewertung setzt aber einen ganz bestimmten Bezugsrahmen voraus, den die Grundeinkommenskonzeption in wesentlichen Punkten nicht teilt: so zum Beispiel, dass als gesellschaftlich *anerkennungs*würdige Arbeit primär oder gar ausschließlich *Erwerbs*arbeit zu gelten habe und dass das Kriterium für Einkommensansprüche in individuellen Arbeits- oder Vermögensleistungen bestehe. Dem gegenüber macht das Konzept des Grundeinkommens einen absoluten

---

[31] Diese einzufordernde Anerkenntnis ist natürlich in keiner Weise gleichbedeutend damit, die Auffassung zu teilen, dass ein solch radikaler Umbruch angemessen, notwendig oder auch nur sinnvoll sei. Es ist aber nicht legitim, das Grundeinkommenskonzept im Ganzen oder in Teilen an Maßstäben zu messen, deren Überwindung gerade Gegenstand dieses Konzeptes selbst ist.

Einkommensanspruch geltend, der gerade nicht über individuell zurechenbare Leistungen relativierbar ist, sondern in bestimmter Weise einen dem Einzelnen von der Gesellschaft geschuldeten Grundanspruch darstellt. Es mag dann allerdings gute Gründe dafür geben, die Herleitung eines derartigen absoluten Einkommensanspruchs abzulehnen, aber eine solche ablehnende Position ist nur dann plausibel, wenn sie das Hintergrundkonzept des Grundeinkommensgedankens angemessen berücksichtigt und in die kritische Prüfung einbezieht. Jede vernünftige Kritik, die sich selbst nicht missversteht[32], muss also dem aufklärerischen Anspruch genügen, die Hintergrundannahmen und Selbstverständnisse nicht nur der kritisierten, sondern vor allem auch der eigenen Position zu reflektieren und erst in einem zweiten Schritt zu Beurteilungen überzugehen.

3.2   Relevante Fragehorizonte und -dimensionen

Um das Grundeinkommenskonzept als Lösungsvorschlag vernünftig diskutieren und kritisieren zu können, muss man sich weiterhin die relevanten Fragehorizonte in ihrer Differenziertheit, aber auch in ihrer wechselseitigen Durchdringung und Verwobenheit verdeutlichen. Dabei lassen sich überblicksartig drei übergeordnete Frage*horizonte* unterscheiden, vor deren Hintergrund sich jeweils wiederum mehrere speziellere Frage*dimensionen* eröffnen:

3.2.1 Erster Fragehorizont: Sacherfordernisse – Funktionale und systemische Dimension

Der erste Fragehorizont, der für das Grundeinkommen als Realkonzept relevant ist, erschließt sich unter der Fragestellung: „Was *müssen* wir tun?"[33] Diese Fra-

---

[32] Hier ist zu erinnern, dass die Urbedeutung des Wortes ‚Kritik' (von griech. *kritein* – ‚scheiden') nicht auf Dagegen-Sein, also Ablehnung, sondern auf eine Unterscheidung und Sichtung, also auf Differenzierung zielt. Eine kritische Diskussionskultur ist daher nicht eine solche, bei der verfestigte Positionen einander zu übertreffen trachten, sondern eine solche, die sich aus verschiedenen Blickwinkeln um die Herausarbeitung und Sichtung eines Sachverhaltes bemüht, an dem ein gemeinschaftliches Erkenntnis- oder Handlungsinteresse besteht.

[33] Auch wenn diese Frage nach dem ‚Müssen' sich an Sacherfordernissen orientiert, ist damit gleichwohl nicht gemeint, dass die richtige Antwort auf die Frage nach Lösungskonzepten insgesamt aus feststehenden Sachzwängen abgeleitet werden könnte; vielmehr hat eine ganzheitlich „richtige" Lösung immer sowohl auf *notwendige* Sacherfordernisse – etwa in Reaktion auf Veränderungen der wirtschaftlichen und sozialen Rahmenbedingungen – als auch auf eine *freiheitlich* zu bestimmende ideelle Zielperspektive der gesellschaftlichen Gestaltung zu rekurrieren: Soziale Wirklichkeit im vollumfänglichen Sinne wird erst in der wechselseitigen Durchdringung beider Ebenen, d.h. in der Wechselwirkung von Real- und Idealfaktoren generiert. Insofern sich der erste Fragehorizont dabei in methodischer Beschränkung auf die Realfaktoren dieser Wechselwirkung bezieht, steht er unter dem Gebot des hypothetischen Imperativs im Sinne Kants (vgl. KANT 1983, BA S. 39 ff.). Hier ist zu fragen: Welche Maßnahmen – z.B. das Grundeinkommen als mögliche Alternative – sind das gebotene Mittel

ge geht aus von absehbaren Sacherfordernissen und bewegt sich – in bewusster methodischer Differenzierung und Isolierung der Gesichtspunkte – auf einer *funktionalen* Ebene. Der Ansatz des Grundeinkommens hat sich hier ausgehend vom gegebenen *status quo* auf sein konkretes Problemlösungspotential und seine Gestaltungskompetenz zu erklären: Ist das Konzept des Grundeinkommens die angemessene Antwort auf die Probleme und Herausforderungen der modernen Gesellschaft und ihrer absehbaren Entwicklungstendenzen? Worin bestehen diese Herausforderungen im Wesentlichen?[34]

Diese funktionale Frageebene ist zugleich verflochten mit der *systemischen* Dimension der Grundeinkommensdebatte: Ist zur konkreten Bewältigung der funktionalen Herausforderungen wirklich ein grundlegender Systemwechsel erforderlich, oder sind die notwendigen Steuerungen innerhalb des bestehenden sozioökonomischen Paradigmas der Erwerbsarbeitsgesellschaft zu bewerkstelligen? Worin besteht das systemverändernde Moment der Grundeinkommenskonzeption im Kern – und worin auch nicht?[35]

3.2.2 Zweiter Fragehorizont: Wertefragen – Sinndimension und Gerechtigkeitsdimension

Der zweite Fragehorizont zielt nicht auf ein unter Sachgesichtspunkten funktional Gebotenes, sondern er betrifft den ethisch zu bestimmenden Zielhorizont jedweder gesellschaftlich-politischen Gestaltung. Hier eröffnen sich ideelle Fragen unter der Generalperspektive: „Was *sollen* (bzw. wollen) wir tun?"[36] Dieser Fragehorizont erschließt zum einen eine *Sinndimension*, die sich auf elementare Wertefragen richtet: Auf welche Zwecke ist eine Gesellschaft im Ganzen auszurichten, nach welchen Prinzipien sollen und wollen wir gemeinschaftlich leben? Was sind die Grundlagen und Voraussetzungen für ein freies, selbstbestimmtes und menschenwürdiges Leben? Welche Rolle spielt Arbeit in diesem Zusammenhang, hat sie eine Wertigkeit an sich, oder ist sie bloßes Instrument ökonomischer Wertschöpfung?[37]

---

im Blick auf eine Zielstellung, die selbst relativ ist (Sicherstellung bzw. Herbeiführung eines erwünschten gesellschaftlichen Zustandes)? Man sieht sogleich, dass dieser erste „relative" Fragehorizont auf einen zweiten „unbedingten", nämlich die Frage der ethisch-objektiv begründeten Zielbestimmung, verweist.

[34] Hierzu siehe unten, Abschnitt 3.3.1.

[35] Hierzu siehe unten, Abschnitt 3.3.2.

[36] Diese fundamental-ethische Frageebene orientiert sich am Modell des kategorischen Imperativs Kants, bei dem das ‚Sollen' zu verstehen ist als Bedingung der Möglichkeit eines freien ‚Wollens'. Hier ist nach den verallgemeinerungsfähigen Begründungen zu fragen, die dem angestrebten Gesellschaftsentwurf als Zielvorstellung zugrunde liegen.

[37] Hierzu siehe unten, Abschnitt 3.3.3.

Zum anderen erschließt sich unter der ethischen Wertungsperspektive eine *Gerechtigkeitsdimension*, in der sich Verteilungsfragen stellen: Wie ist Wohlstand am gerechtesten zu verteilen und worauf gründen sich entsprechende Ansprüche? Welche Anteile am gesamtgesellschaftlichen Wohlstand sind individuell leistungsbezogen und damit individuell zurechenbar, welche sind Bestandteil gleichsam unauftrennbar verschmolzener Sozialleistung?[38]

3.2.3 Dritter Fragehorizont: Umsetzung – Fiskalische, ökonomische, machtpolitische, sozialpsychologische und anthropologische Dimension

Eine dritte Ebene schließlich bezieht sich auf die Frage der Machbarkeit, das heißt der Umsetzung bzw. der Implementierung: „Was *können* wir tun?" Mit Blick auf das Grundeinkommen als systemveränderndes, also radikal innovatives Konzept eröffnet sich hier ein mehrdimensionales Fragespektrum. Dazu gehört die *ökonomisch-fiskalische* Dimension: Ist überhaupt – und wenn ja: wie – das Grundeinkommen zu finanzieren bzw. ökonomisch zu realisieren? Welche (Be-)Steuerungsmechanismen sind hierfür erforderlich? Welche Folgeeffekte für die wirtschaftliche Wertschöpfung und Leistungsfähigkeit sind zu erwarten?[39]

Im Horizont der Implementierungsaspekte erscheint weiterhin eine im engeren Sinne *politische* Dimension, die Fragen der Ausübung (nicht der Quelle bzw. Generierung) von Macht betrifft: Ist das Konzept des Grundeinkommens machtpolitisch umsetzbar? Auf welche Akteure mit welchen Interessenhintergründen und Verantwortlichkeiten trifft die Idee?

Schließlich betrifft die Frage der Umsetzung in entscheidender Weise die *sozialpsychologische* und *anthropologische* Dimension der Akzeptanz bzw. der Tragfähigkeit[40]: Können die Menschen selbst dann, wenn sie vom Grundeinkommensansatz *als Idee* überzeugt sind, diese in ihren *konkreten* persönlichen Auswirkungen und lebensweltlichen Herausforderungen auch mit- oder gar ertragen? Können die Menschen mit der ökonomisch-existentiellen Freiheit, die ihnen ein Grundeinkommen einbrächte, überhaupt umgehen – nicht nur im

---

[38] Hierzu siehe unten, Abschnitt 3.3.4.

[39] An diesem Komplex hängt ein noch weiter ausgedehntes Fragefeld, das hier nicht in allen Einzelheiten beleuchtet werden kann. So ist etwa zu fragen: Kann unter Bedingungen des Grundeinkommens eine verlässliche und belastbare Ausführung der verbleibenden Erwerbsarbeit gewährleistet werden? Wirkt in tariflicher Hinsicht ein unbedingtes Grundeinkommen lohnsenkend, weil die Lohnnebenkosten durch das Grundeinkommen um Sozialversicherungsanteile entlastet werden könnten und weil das Lohnniveau um den Anteil des existenzsichernden Grundeinkommens gesenkt werden könnte? Oder wirkt es sich lohnsteigernd aus, da einerseits unattraktive Arbeiten nunmehr besser bezahlt werden müssen, damit sich genügend Menschen bereit finden, diese auszuüben, und weil andererseits generell der Arbeitsmarkt um die Zahl der Menschen, die an ihrem Grundeinkommen Genüge finden, entlastet wird (Verknappung des Arbeitskräfteangebots)?

[40] Hierzu siehe unten, Abschnitt 3.3.5.

24

Blick auf die viel diskutierte Frage nach den (bestärkenden oder hemmenden) Auswirkungen auf Arbeitsmotivation und Initiativität, sondern auch im Blick auf Lebensorientierung und soziale Integration?[41] Setzt die Grundeinkommensidee, um in dieser Hinsicht angenommen zu werden, einen grundsätzlichen Bewusstseins- und Wertewandel, das heißt eine *vorgängige* geistig-kulturelle Umorientierung der Menschen voraus, und unter welchen Bedingungen im Blick auf Bildungs- und Urteilskompetenzen ist ein solcher Wandel denkbar oder realistisch? Oder ist das Bedingungsfeld umgekehrt gelagert, so dass eine reale Umsetzung der Grundeinkommensidee und damit eine faktische Neuordnung des Verhältnisses von Erwerbsarbeit, sozialer Integration und lebensweltlicher Orientierung die Voraussetzung für einen entsprechenden Bewusstseins- und Wertewandel ist? Welche Risiken in der Einschätzung dieser und aller Implementierungsfragen sind tragbar, und inwieweit sind diese Risiken im Vorfeld eingrenzbar?

3.3 Das Spektrum möglicher Antworten – Zur Kritik falscher Alternativstellungen

Projiziert man das oben skizzierte Fragespektrum auf die Kernthese aller Grundeinkommenskonzepte, der gemäß die Auszahlung eines individuellen, existenzsichernden Einkommens unabhängig von Bedürftigkeit und individueller Arbeitsleistung oder Arbeitsbereitschaft gewährt werden soll, wird bald die Verwobenheit der verschiedenen Frageebenen und damit die Komplexität der für die Grundeinkommensidee relevanten Problemhorizonte deutlich. Dabei erscheint es schon angesichts dieser multiplen Verwobenheit der einzubeziehenden Problemebenen dringend geboten, bei einer gegenüberstellenden Abwägung von Grundeinkommenskonzept und aktuellem Erwerbsarbeitsparadigma allen eindimensionalen Verkürzungen sowie vorschnellen Schlussfolgerungen mit Vorsicht zu begegnen. Ein Durchgang durch das Spektrum der wesentlichen Argumente für und gegen die Grundeinkommensidee ist daher nicht nur gleichsam auf neutralem Gebiet, sondern immer zugleich als Kritik falscher Alternativstellungen und übereilter Ableitungen durchzuführen.

---

[41] Diese Frage ist verbunden, aber nicht deckungsgleich mit derjenigen nach dem Wert und dem Status der Arbeit. Die existenzial-anthropologische Frage, ob Arbeit nur einen funktionalen Tätigkeitsmodus habe, d.h. ein letztlich äußerliches und schlimmstenfalls freiheitseinschränkendes Mittel der ökonomischen Versorgung und Existenzsicherung darstelle, oder ob der Arbeit ein für die menschliche Sinn- bzw. Selbstbestimmung zentraler Existenzmodus zukomme, beantwortet noch nicht jene andere nach den konkreten Möglichkeits- und Gelingensbedingungen eines empirischen Wertewandels in der Arbeitsfrage.

3.3.1 Ist das Ende der Arbeit der Anfang vom Grundeinkommen? – Zur funktionalen Dimension des Grundeinkommens

Im Blick auf den ersten Fragehorizont, der die empirische Frage der Sachangemessenheit des Grundeinkommensvorschlags betrifft, wird häufig darauf verwiesen, dass die Gewährung eines von Erwerbsarbeit unabhängigen, eben unbedingten Grundeinkommens sich allein schon dadurch nahe lege, dass aufgrund der zunehmenden Rationalisierung moderner Produktionsverfahren, d.h. aufgrund der technologisch bedingten Produktivitätssteigerung durch Automatisierung, immer weniger individuelle, von Menschen ausgeübte Arbeitstätigkeit erforderlich und zugleich ökonomisch erwünscht sei, um einen weiter steigenden Wohlstand zu ermöglichen. Nach dieser Auffassung erscheint die Idee der Entkopplung von individuellem Einkommen (als Teil des Gesamtsozialproduktes) und individueller Arbeit vor dem Hintergrund einer gesamtökonomischen Entwicklung, die von sich aus eine zunehmende Entkopplung von Wohlstandsproduktivität und erforderlichem menschlichem Arbeitseinsatz mit sich bringt, nicht revolutionär, sondern schlichtweg folgerichtig.[42] Noch vor jeder Frage der *Bewertung* gehe ein Festhalten am alten Erwerbsarbeitsparadigma im Wortsinn an der *Sache* vorbei; auch ein System sozialer Sicherung (sog. „Hartz IV-Regelung"), das die Gewährung eines Existenzminimums an die Ausübung einer Arbeitstätigkeit knüpft, erscheint einer solchen Problemsicht angesichts der vermeintlichen „Aussicht auf eine Arbeitsgesellschaft, der die Arbeit ausgegangen ist"[43], nicht nur zynisch, sondern ganz einfach veraltet.[44]

Im Fragehorizont der Sachangemessenheit bzw. Funktionalität des Grundeinkommens ist allerdings zunächst festzustellen, dass der Befund eines vermeintlichen „Endes der Arbeit"[45] schon im Blick auf die herkömmliche Erwerbsarbeit empirisch angezweifelt werden kann. Tatsächlich scheint das feststellbare Phänomen der Erwerbsarbeitslosigkeit weniger das Resultat eines zurückgehenden Arbeitsbedarfes denn eines gesteigerten Angebotes auf dem Arbeitsmarkt zu sein[46]: Das Faktum der relativen Arbeitslosigkeit kann also durchaus – ent-

---

[42] Vgl. BECK 2007, S. 13: „Die Produktivitätssteigerung erlaubt es, mit einem Minimum an menschlicher Arbeit ein Maximum an Ergebnissen zu erzielen. Die Antwort ist eine Überleitung in eine Grundsicherung für alle."
[43] ARENDT 2003, S. 13. – Zu dem tieferen Hintersinn dieses Diktums siehe unten, Abschnitt 3.3.5.
[44] Exemplarisch hierfür etwa die Aussage von Ulrich Beck: „Die Bezieher von Hartz IV werden [...] damit beschäftigt, immer wieder nachzuweisen, daß sie Arbeit suchen, die es, wie alle wissen [!], gar nicht gibt [...]." (BECK 2007, S. 13)
[45] Zur These vom Ende der Arbeit siehe insgesamt RIFKIN 2005.
[46] Die Ursache hierfür liegt u.a. darin, dass zusätzliche Gruppen von Arbeitskraftanbietern, darunter verstärkt Frauen, neu auf den Arbeitsmarkt drängen und dadurch das Gesamtvolumen verfügbarer Arbeitskraft entsprechend steigt. Dieser Umstand verweist aber bereits auf die ethische Dimension der Arbeit: nämlich auf die Frage, welche – wenn überhaupt eine – Bedeutung dem Erwerbsarbeitsmarkt als einem sozialen und persönlichen Inklusions- und Anerkennungsfaktor zukommt, und ob bzw.

gegen der These vom Ende der Arbeit – mit einem gleichwohl höheren Beschäftigungsstand verbunden sein.[47] Hier aus einem vermeintlich rein technologisch-ökonomischen *Sach*zusammenhang *unmittelbar* auf die Angemessenheit einer Trennung von Arbeit und Einkommen und von hier aus wiederum unmittelbar auf die Adäquatheit des Grundeinkommens zu schließen, ist daher nicht angebracht. Auf der anderen Seite ist allerdings mit Georg Vobruba hervorzuheben, dass das Modell der Vollerwerbsgesellschaft sozial- und wirtschaftsgeschichtlich gesehen nicht der zeitlos gültige Normalfall, sondern ein historisch kontingenter Sonderfall ist: „Vollbeschäftigung ist unwahrscheinlich."[48] Erwartbar ist insofern, dass das für einen bestimmten historischen Abschnitt adäquate Erwerbsarbeitsparadigma und damit das Modell der Vollerwerbsgesellschaft im Zuge des ständigen geschichtlichen Wandels der gesellschaftlichen Rahmenbedingungen seine Gültigkeit zugunsten eines nicht lohnarbeitszentrierten Einkommensprinzips wieder verlieren wird. Dieser Prozess und auch die Entstehung von Arbeitslosigkeit im Sinne der Erwerbsarbeitslosigkeit sind daher an sich nicht unbedingt beunruhigend – es sei denn, man weist dem Modell der Vollerwerbsgesellschaft über seine immer relative, d.h. historisch kontingente Funktionalität hinaus eine intrinsische Eigenwertigkeit zu. Die These vom Ende der Arbeit in ihrer Bedeutung für die Forderung nach Umstellung des ausschließlich lohnarbeitszentrierten Einkommenssystems in Richtung eines Grundeinkommens gewinnt ihre Aussagekraft daher erst im Lichte des zweiten Fragehorizonts, der normative Wertungsfragen im Blick auf die Sinn- und die Gerechtigkeitsdimension des Grundeinkommenskonzepts aufwirft.[49]

3.3.2 Sozialisierung oder Liberalisierung: Was passiert mit dem Arbeitsmarkt? – Zur systemischen Dimension des Grundeinkommens

Auch der innovative Kernpunkt des Grundeinkommens, sein Anspruch, einen paradigmatischen Neuansatz darzustellen, kommt in voller Tragweite erst zur Geltung, wenn man seine ethische und gerechtigkeitstheoretische Fundierung (zweiter Fragehorizont) einbezieht. Verbleibt man nämlich auf einer rein funktionalen Ebene und verengt entsprechend den Blick auf die systemischen Auswirkungen des Grundeinkommens für den Arbeitsmarkt als Allokationsmecha-

---

unter welchen Voraussetzungen ein solcher Inklusionseffekt speziell am Status der Erwerbsarbeit gegenüber anderen Formen von Arbeitstätigkeit festgemacht werden sollte.

[47] Vgl. VOBRUBA 2000, der im Rückblick auf das letzte Quartal des 20. Jahrhunderts feststellt, „dass man in fast allen Industriegesellschaften dasselbe Muster vorfindet. Die Beschäftigung und die Arbeitslosigkeit haben in den vergangenen 25 Jahren zugenommen." (a.a.O., S. 32)

[48] VOBRUBA 2000, S. 33.

[49] Hierzu siehe unten, Abschnitte 3.3.3 und 3.3.4.

nismus und für die Organisation der sozialen Grundsicherung, so relativiert sich der vermeintlich paradigmatische Innovationsanspruch des Grundeinkommenskonzeptes – entgegen der mit ihm verbundenen Intuitionen – sehr rasch. Zwar ist es richtig, dass der „Bruch mit dem Primat des Arbeitsmarktes als dem dominanten Allokations- und Verteilungsmechanismus [...] ein entscheidendes Definitionskriterium des Grundeinkommens erst zur Geltung [bringt]: seine Bedingungslosigkeit"[50]. Aus einer rein systemischen Perspektive ergeben sich allerdings deutliche Einschränkungen hinsichtlich der Tragweite dieses Bruches: Zum einen geht es nicht darum, den Arbeitsmarkt und damit die marktvermittelte Verkopplung von Einkommen und Erwerbsarbeit insgesamt abzuschaffen; der deklarierte „Bruch" ist vielmehr nur partiell, indem er sich nur auf den existenzsichernden Einkommensanteil beschränkt. Dass in jedem Fall überhaupt ein Sockeleinkommen zur Existenzsicherung, wenn auch gegebenenfalls unter bedingenden Auflagen, zu gewähren ist, dass – im Klartext – die Gesellschaft keines ihrer Mitglieder verhungern lassen und von sozialer und kultureller Teilhabe in Gänze ausschließen darf, ist aber auch unter den Bedingungen der lohnarbeitszentrierten Vollerwerbsarbeitsgesellschaft grundsätzlich unumstritten. Es geht also, systemisch betrachtet, bei der Diskussion um das Grundeinkommen zunächst nur um die formale Frage der Neuorganisation dieses im Prinzip gleichen Sockelbetrages[51] – um nicht weniger, aber auch nicht um mehr.

Darüber hinaus ist die These vom vermeintlich systemsprengenden Potential des Grundeinkommens aber noch weiter zu relativieren und – je nach Standpunkt – sogar umkehrbar: nämlich im Blick auf die Behauptung, die vom Grundeinkommen intendierte Teilentkopplung beschränke oder behindere das Prinzip des Arbeitsmarktes, indem die unbedingte, also vermeintlich „leistungslose" Einkommensausstattung ein Ungleichgewicht in das freie Austarieren zwischen Anbietern und Nachfragern von Arbeitskraft und damit generell „ein

---

[50] VOBRUBA 2007, S. 195. – In dem Umstand, dass just diese zentrale, als Alleinstellungsmerkmal fungierende Bestimmung der Grundeinkommensidee am meisten mit der „moralischen Grundausstattung der modernen Arbeitsgesellschaft" (ebd.) bricht, sieht Vobruba das „Realisationsdilemma der Grundeinkommensidee" (a.a.O., S. 201) gegeben. Die Bewertung des Grundeinkommens auf der systemischen Ebene steht also in Wechselwirkung mit der Umsetzungsebene. Vobruba geht in seiner pessimistischen Ausdeutung der Verkopplung beider Ebenen dabei reduktiv von einer gegebenen „Moral als Tatsache" (a.a.O., S. 196) aus, der er keinen Vernunftbegriff freiheitlich bestimmbarer Moralität zur Seite stellt.

[51] Diese Feststellung bezieht sich im gegebenen Fragekontext allerdings nur auf eine prinzipielle Ebene und ist daher von der anders perspektivierten Frage nach der Höhe eines unbedingten Grundeinkommens zu differenzieren. Letztere Frage erhält umgekehrt nur dann eine prinzipielle Bedeutung, wenn die geforderte Höhe des unbedingten Grundeinkommens im Rahmen eines in vielerlei Hinsicht fragwürdigen „Schlaraffenland-Modells" grundsätzlich über die Grenze der notwendigen Existenzabsicherung hinauszielt. Die seriöse Konzeption des Grundeinkommens hat aber – obwohl in der öffentlichen Debatte immer noch häufig damit identifiziert („Vorspiel zum sozialistischen Schlaraffenland", BLÜM 2007) – mit einem solchen Schlaraffenland-Modell *prinzipiell* (nicht etwa nur *graduell*) nichts gemein.

Stück Sozialismus in die Marktwirtschaft"[52] einbringe. Dieser intuitiv zunächst eingängigen Auffassung steht allerdings eine andere Lesart derselben Zusammenhänge gegenüber, wonach das Grundeinkommen gerade als Ausgangsbedingung dafür aufzufassen ist, einen Arbeitsmarkt als wirklichen Markt, auf dem ein freies und gleichberechtigtes Austarieren der Lohnhöhen zwischen Angebotsseite (Arbeitnehmer) und Nachfrageseite (Arbeitgeber) erfolgen kann, überhaupt erst zu etablieren. Im Hintergrund dieser Position steht die Ansicht, dass das Austarieren der Löhne auf dem Arbeitsmarkt in der aktuell gegebenen Situation ganz erheblich von marktunabhängigen Faktoren[53] bestimmt sei, die außerhalb des Systems einer Selbstregulation von Angebot und Nachfrage stünden und dadurch gerade in der jetzigen Marktverfasstheit ein problematisches Ungleichverhältnis in den Ausgangspositionen beider Seiten bewirkten. Indem das unbedingte Grundeinkommen für jene ebenfalls nicht-bedingten, das heißt nicht relativ zum Marktgeschehen variablen Faktoren, mit einem Basiseinkommen einstehe, könne dann derjenige erwerbsarbeitsbezogene Einkommensanteil, der marktfähig ist, überhaupt erst nach marktkonformen Gesetzen freier Preisbildung austariert werden. Nach einer solchen Auffassung wäre dann das Grundeinkommen nicht ein systemfremdes Stück Sozialismus im freien Wettbewerb, sondern umgekehrt – auf der Grundlage der Erkenntnis, dass der Markt für Apfelsinen sich von dem Markt für Arbeitskräfte strukturell unterscheidet[54] – das liberalere Konzept des Marktliberalismus selbst.

3.3.3 Freiheit und Arbeit: Gegensatz-, Einschränkungs- oder Bedingungsverhältnis? – Zur Sinndimension des Grundeinkommens

Die eigentliche Tragweite des Grundeinkommens und seine originäre Begründungsbasis werden indes erst ersichtlich, wenn man von den funktionalen und systemischen Gesichtspunkten auf die Ebene der fundamentalen Wert- und Zweckvorstellungen im Blick auf den als erstrebenswert erachteten Gesellschaftszustand übergeht. Betrachtet man die Kernthese der Entkopplung von Arbeit und Einkommen im Licht dieses erweiterten Fragehorizonts, so erscheint dabei die These vom Ende der Arbeit unter einem neuen Gesichtspunkt: nämlich als

---

[52] ENSTE 2008, S. 4.
[53] Hierzu gehört z.B. der Umstand, dass die Zahl der auf den Arbeitsmarkt drängenden Anbieter – also der Arbeitssuchenden – nicht primär an die vorhandene Nachfrage gekoppelt ist, sondern von marktexternen soziokulturellen Faktoren (z.B. Zustrom von Frauen auf den Arbeitsmarkt im Zuge der Emanzipationsbewegung) und demographischen Umständen (Zugehörigkeit zu geburtenstarken oder -schwachen Jahrgängen) abhängt. Solche unverfügbaren und nicht austarierbaren Faktoren können sich aber insbesondere für die Arbeitskraftanbieter als Markteingangs- oder Marktbehauptungserschwernisse darstellen. Vgl. hierzu VOBRUBA 2007, S. 111–116; VOBRUBA 2000, S. 33 f.; in anderem Begründungskontext auch FÜLLSACK 2002, S. 49–54.
[54] Vgl. hierzu VOBRUBA 2007, S. 111 f.

Wertungsfrage nach der Wünschbarkeit eines solchen Endes, die verbunden ist mit der Frage nach dem Status von Arbeit und – relativ dazu – von Arbeitslosigkeit. Diese Wertungsfragen sind aber zugleich untrennbar mit der Bestimmungsfrage verbunden, was Arbeit in normativer und definitorischer Hinsicht eigentlich sei und welche Tätigkeiten gemäß dieser zu bestimmenden Kriterien eigentlich unter den Begriff ‚Arbeit' zu zählen seien. In Bezug auf den Grundwert der Menschenwürde und der Freiheit wird von der Antwort auf diese Bestimmungs- und Wertungsfragen abhängen, ob freiheitliche und würdevolle Selbstbestimmung[55] als Resultat einer Befreiung *von* der Arbeit, einer Befreiung *in* der Arbeit oder auch einer Befreiung *durch* die Arbeit anzusehen ist.

Grundsätzlich ist festzustellen, dass der Begriff des Arbeitens sowohl kultur- und geistesgeschichtlich als auch begriffs- und wortgeschichtlich zwei differente Wertungsmerkmale in sich vereinigt[56]: zum einen den Last- und Mühsalcharakter des Ackerns, der der naturnotwendigen menschlichen Versorgungsbedürftigkeit geschuldet ist; in dieser Bedeutung haftet an Arbeit das Stigma der Unfreiheit. Zum anderen steht Arbeit als existentielle Urtätigkeitsform aber auch für das produktive und gestalterische Schaffen[57], durch das der Mensch sich mit der Natur, mit der Mitwelt und dadurch indirekt mit sich selbst vermittelt; in dieser Bedeutung haftet an Arbeit das Siegel der Selbstbestimmung.

Das Postulat der Befreiung *von* der Arbeit legt, pauschal betrachtet, einen Arbeitsbegriff zugrunde, der einseitig über die mühsalbeladene, der Lebensnotdurft geschuldete Seite dieses Gesamtbedeutungsspektrums definiert ist. In einer solchen Bestimmung erscheint dann die arbeitsplatzvernichtende Automatisierung der modernen Produktionsweise wie eine durch die Hintertür ermöglichte Rückkehr in das Paradies, aus dem Gott den Menschen auf den mühsam zu bestellenden Ackerboden vertrieben hatte. Die göttliche Verfluchung des Ackerbodens kann demnach zwar nicht aufgegeben, aber die Folgen dieses Fluches können gleichsam auf die Maschinen abgewälzt werden. Diesen Traum der durch Automation ermöglichten und sozialutopisch erstrebten Arbeitslosigkeit hat als erster Aristoteles explizit thematisiert, wie Walther Ch. Zimmerli mit Verweis auf die aristotelische *Politik* bemerkt[58]: „Denn freilich, wenn jedes

---

[55] Selbstbestimmung kann dabei als moderne Bestimmung von Freiheitlichkeit verstanden werden. Diese Bestimmung liegt auch der Kantischen Freiheitskonzeption zugrunde, der gemäß gerade erst die Selbstgesetzgebung nach dem vernunftgebotenen kategorischen Imperativ freie, weil autonom bestimmbare Handlungen begründet; vgl. KANT 1983, BA S. 70–77.

[56] Für die folgenden Ausführungen siehe insgesamt BOOMS 2010.

[57] Umgangssprachlich steht ‚Schaffen' im süddeutschen Raum synonym für ‚Arbeiten'; im Gegensatz zum negativ besetzten ‚Ackern' des aus dem Paradies vertriebenen Adam steht der Ausdruck ‚Schaffen' dabei in Verbindung mit dem positiv besetzten göttlichen ‚Erschaffen'.

[58] Siehe ZIMMERLI 1987, S. 243: „Zum ersten Mal in der Geschichte unseres abendländischen Denkens findet sich hier die Kombination von künstlerischer Mechanik (techne), Ökonomie und sozialer Utopie."

Werkzeug auf erhaltene Weisung, oder gar die Befehle im voraus erratend, seine Verrichtung wahrnehmen könnte, [...] wenn so auch das Weberschiff von selber webte und der Zitherschlägel von selber spielte, dann brauchten allerdings die Meister keine Gesellen und die Herren keine Knechte."[59] Aus einer solchen Haltung heraus, die in der Tat Anleihen beim Werteverständnis der Antike machen kann, führt die These vom „Ende der Arbeit" dann konsequent in die These vom „‚Glück' der Arbeitslosigkeit"[60] und muss insgesamt eine feste Verknüpfung von menschlicher Selbstbestimmung und Würde mit (Erwerbs-)Arbeit als Fehlbestimmung werten.[61]

Das Postulat der Befreiung *von* der Arbeit – als idealtypische Position betrachtet – steht dabei im scharfen Kontrast zu der ebenfalls idealtypisch gedachten Position, die sich gegenüber der antiken Grundhaltung in der Neuzeit und Moderne herausgebildet hat und bis heute als normativer Standard das Alltagsbewusstsein der meisten Menschen prägt: Diese Position akzentuiert das zweite Strukturmerkmal von Arbeit – ihre Produktivität –, und verleiht der Arbeit über ihren bloß instrumentellen und in dieser Bestimmung negativ besetzten Lastcharakter hinaus einen eigenständigen, intrinsischen Wertstatus. Wird bei dieser Neubewertung des *Status* von Arbeit allerdings zugleich ihre *Bestimmung* als ökonomisch definierte, über ein leistungsreziprokes Marktsystem allozierte Versorgungstätigkeit beibehalten[62], ist die Folge eine normative Aufwertung der Erwerbsarbeitsgesellschaft: Arbeit im Sinne einer vergüteten, in das marktförmig organisierte ökonomische System integrierten Tätigkeit wird dann zur *normativen* Voraussetzung eines sinnerfüllten, würdevollen und selbstbestimmten Lebens[63], selbst wenn in *ökonomischer* Hinsicht eine Entkopplung von Arbeit und Einkommen möglich erscheint. Das entsprechende Postulat lautet dann: Freiheit und Würde *durch* Arbeit.[64]

---

[59] ARISTOTELES 1981, S. 1253 b.

[60] ZIMMERLI 1987, Aufsatztitel. – In diese Richtung geht auch BECK 2007, S. 13: „In einem bestimmten Sinne ist Arbeitslosigkeit gerade keine Niederlage, sondern ein Sieg [...]."

[61] Die Entkoppelung von Würde und Arbeit machte sich in der klassisch-antiken Grundhaltung in einer Abwertung der arbeitenden Bevölkerung bemerkbar. Diese betraf in besonderer Weise die arbeitenden Sklaven, denen nicht nur irgendeine Form von Menschenwürde, sondern generell der Status der Menschlichkeit überhaupt abgesprochen wurde: Der Sklave erscheint Aristoteles ganz selbstverständlich als „Werkzeug" bzw. als „beseeltes Besitzstück" (ARISTOTELES 1981, S. 1253 b). – Gegenüber dieser nach modernen moralischen Maßstäben natürlich inakzeptablen Umsetzungsform der Entkopplung von Würde und Arbeit bestünde eine moderne Form der Entkopplung nicht in einer Abwertung der Arbeit oder der Arbeitenden, sondern in umgekehrter Zielrichtung in einer Aufwertung des Status der Nicht-(Erwerbs-)Arbeitenden.

[62] Man könnte sagen, dass diese idealtypisch-moderne Position Arbeit in der Sache weiterhin als instrumentelle ökonomische Erwerbstätigkeit bestimmt, diesen instrumentellen Charakter aber selbst zum Selbstzweck umwidmet und so das Instrumentelle zur Quelle von Sinngebung und Zielorientierung erhebt.

[63] Arbeit wird dann zur „Quelle ethischer Selbstvergewisserung und moralischer Anerkennung" (GÜRTLER 2000, S. 881).

[64] Aus einer solchen Position heraus wird man daher unter Berufung auf ethisch-normative Gründe ein Grundrecht auf Arbeit postulieren. In diese Richtung geht etwa Friedrich Kambartel, der zugleich

Dem gegenüber kann aber auch eine dritte idealtypische Haltung zum Wertverständnis der Arbeit eingenommen werden[65]: Diese geht ebenfalls davon aus, dass der Arbeit eine grundlegende Wertigkeit für das Selbst-, Gesellschafts- und Weltverhältnis des Menschen zukommt und entsprechend gesellschaftlich anzuerkennen ist, setzt dabei aber einen Arbeitsbegriff jenseits der ökonomisch-materiellen Bestimmung an und unterscheidet sich hierin von den beiden erstgenannten Positionen. Im idealiter gedachten „Reich der Freiheit"[66] herrscht dann weder ‚glückliche Arbeitslosigkeit', noch wird ökonomisch-materielle, in den reziproken gesellschaftlichen Leistungsaustausch einbezogene Erwerbsarbeit normativ aufgewertet: Denn zum einen zielt das „Reich der Freiheit" auf die Ermöglichung ab, in freier Selbstbestimmung Tätigkeiten nachzugehen, die unter dem marktmäßigen Erwerbsarbeitsparadigma als anerkennungswürdige Arbeiten erst gar nicht in den Blick geraten.[67] Zum anderen hängt die Frage, ob ein gesellschaftlicher Zustand überhaupt die Voraussetzungen für ein selbstbestimmtes und würdevolles Leben bietet, nach dieser dritten Position davon ab, wie die im ökonomischen Sinne notwendige materielle Arbeit gesellschaftlich *organisiert* (und nicht etwa – wie in der vorgenannten Position – gesellschaftlich *bewertet*[68]) wird: nämlich möglichst so, dass ihr zugestandener Lastcharakter für jeden Einzelnen anteilig am leichtesten zu schultern ist. Gesellschaftliche Freiheit wird dann generiert durch eine Befreiung *in* der Arbeit bzw. – in übertragenem Sinn – durch Befreiung der Arbeit selbst zu ihrem eigenen, Selbstbestimmung ermöglichenden und sinnstiftenden Potential.[69]

---

den Begriff der Arbeit für ein weites Feld gesellschaftsbezogener Tätigkeiten öffnen will: Demnach ist Arbeit ein Instrument zur Teilhabe am „gesellschaftlichen Leistungsaustausch" (KAMBARTEL 1993, S. 247) und erhält gerade über diese Funktion eine „intern moralische Form" (a.a.O., S. 248), also eine Eigenwertigkeit, die es rechtfertigt, das „Recht auf gesellschaftliche Arbeit und ihre gesellschaftliche Anerkennung" (ebd.) als Grundrecht anzuerkennen. Auf der Grundlage einer solchen Position legt sich dann konsequenterweise nahe, auch bisher nicht entlohnte Tätigkeiten in das arbeitsmarktgesteuerte Erwerbssystem einzubeziehen, wenn diese den Kriterien gesellschaftlicher (d.h. in den Leistungsaustausch integrierter) Arbeit genügen: „Familienarbeit [...] ist ökonomische Arbeit." (KREBS 2002, S. 233)

[65] Dieser Typus lässt sich grundsätzlich u.a. im Marxschen Denken wiederfinden. Dabei ist hier irrelevant, ob die konkreten Lösungsvorschläge, die Marx gegeben hat, als tauglich angesehen werden, um eine würdevolle und selbstbestimmte Lebens- und Gesellschaftsform tatsächlich zu begründen; im gegebenen Kontext kommt es allein auf die strukturelle Problemauffassung im Blick auf das Verhältnis von Arbeit und Freiheit an.

[66] MARX 1964, S. 828.

[67] Das schließt ein, „heute dies, morgen jenes zu tun, morgens zu jagen, nachmittags zu fischen, abends Viehzucht zu treiben, nach dem Essen zu kritisieren, wie ich gerade Lust habe" (MARX/ENGELS 1958, S. 33).

[68] Ein entscheidender Unterschied zwischen beiden Positionen besteht demgemäß darin, dass hier die Verteilung der *Arbeit selbst*, in der vorauf skizzierten Position (Anerkennung *durch* Arbeit) hingegen die *Anerkennung* der Arbeit gesellschaftlich organisiert werden soll.

[69] Diese Position differenziert also zwischen dem Status von Arbeit *selbst* und den *Vollzugsbedingungen*, unter denen dieser Status zum Tragen kommt. Eine solche Differenzierung zeigt sich übrigens schon im Alten Testament bei der Verbannung Adams auf den Acker (Gen 3, 17) – eine Bibelstelle, die fälschlicherweise häufig als Kronzeuge für den „Fluchcharakter" der Arbeit in Anspruch genommen wird: Tatsächlich trifft der göttliche Fluch aber nicht etwa die Arbeit selbst, sondern den Acker

Der Vorschlag des Grundeinkommens, insofern er ein „Recht auf Einkommen" – teils explizit gegen das Postulat eines „Rechts auf Arbeit" – einfordert, muss im aufgezeigten Positionierungsfeld zum Verhältnis von Arbeit und Selbstbestimmung bzw. Arbeit und Selbstwertigkeit (Würde) Stellung beziehen. In diesem Zusammenhang setzt ein zentraler Begründungsansatz des Grundeinkommens beim Begriff der „realen" Freiheit an[70]: Reale Freiheit bedeute mehr als nur die rechtliche Sicherstellung formaler politischer und gesellschaftlicher Partizipationsrechte, denn Voraussetzung für reale Freiheit sei vielmehr die konkrete Sicherstellung der materiellen Existenzgrundlage, die es erst ermögliche, wirklich autonom und unabhängig formale Freiheitsrechte ergreifen zu können. Dieser Ansatz allein stellt allerdings zunächst noch kein besonderes Spezifikum des Grundeinkommens dar, sondern wird dem Anspruch nach von allen in die Debatte gebrachten Vorschlägen geteilt[71]; in Frage steht vielmehr, über welchen Mechanismus diese existentielle Sicherstellung realer Freiheit erfolgen soll. In Bezug auf die Arbeit vertritt das Grundeinkommen dabei die Position, dass die Freiheit ermöglichende Existenzsicherung unabhängig von *jeder* Form der Arbeit zu gewähren sei und plädiert also dafür, auch den „Surfer" existentiell abzusichern.[72] Noch unabhängig von Fragen der Verteilungsgerechtigkeit, die diese Forderung aufwirft[73], ist zunächst festzustellen, dass damit die Grundlage von freiheitlicher Selbstbestimmung, Persönlichkeitsentfaltung und sozialer Verantwortung *komplett* vom Faktor Arbeit – nicht nur von ökonomischer Erwerbsarbeit – entkoppelt wird. Dieser Umstand ist für das Grundeinkommenskonzept elementar und grenzt dieses sowohl von der Position „Selbstbestimmung/Anerkennung *durch* Arbeit" als auch „Selbstbestimmung/Anerkennung *in* der Arbeit" ab. Das heißt nicht, dass das Grundeinkommen nach seinem eigenen Verständnis kein emanzipatorisches Potential im Sinne einer „Befreiung der Arbeit" hätte. So lässt sich argumentieren, dass durch die Gewährung eines

---

und damit die bedingenden Umstände, unter denen Adam die Arbeit nach der Vertreibung aus dem Paradies zu verrichten hat.

[70] Vgl. VANDERBORGHT/VAN PARIJS 2005, S. 94 f.: „Demgegenüber hat eine Gerechtigkeitskonzeption im Sinne einer ‚realen Freiheit für alle' [...] den Anspruch, [...] eine liberal-egalitäre Rechtfertigung des Grundeinkommens zu bieten. Ausgangspunkt ist der einfache Gedanke, dass die Gerechtigkeit eine Frage der Verteilung der realen Freiheit darstellt, so zu handeln, wie es unseren Lebenswünschen entspricht. Das jedoch ist nicht allein eine Frage des Rechts, sondern auch des effektiven Zugangs zu Gütern und Handlungschancen."

[71] Das gilt auch für die so genannte „Hartz-IV"-Regelung mit ihrem Ansatz der Arbeitsbereitschafts- und Bedürftigkeitsprüfung. Insofern erscheint es sehr zweifelhaft, dieser sozialgesetzlichen Regelung, auch wenn man sie aus sachlichen oder sonstigen Gründen ablehnt, gleich einen Verstoß gegen die Würde des Menschen zu unterstellen und sie damit außerhalb des grundrechtlich sanktionierten Rahmens absolut unverfügbarer Rechte zu stellen. In diesem Kontext ist allgemein vor emotional motivierten Instrumentalisierungen dieses elementarsten Kernrechtsbestands der Humanität schlechthin, nämlich des Schutzgebotes der Menschenwürde, zu warnen.

[72] Vgl. hierzu insgesamt VAN PARIJS 1991 („Why Surfers Should be Fed").– Den Gegenstandpunkt („Why Mothers Should Be Fed") vertritt u.a. Angelika Krebs; vgl. KREBS 2002, S. 218 ff.

[73] Hierzu siehe unten, Abschnitt 3.3.4.

unbedingten existenzsichernden Grundeinkommens gerade diejenigen bedeutsamen Tätigkeiten, die gleichsam aus dem Raster der marktmäßigen, auf reziprokem Leistungsaustausch beruhenden Arbeitsgesellschaft herausgefallen sind, eine materielle Ermöglichungsgrundlage erhalten und dadurch gestärkt werden: so etwa soziale Tätigkeiten wie Familienarbeit, aber auch Tätigkeiten im künstlerisch-kulturellen Bereich, die gar nicht oder kaum in das bestehende Entlohnungssystem fallen. Gleichwohl gilt, dass in der Grundeinkommenskonzeption auch *diesen* Formen der Arbeit, wie überhaupt *jeder* Form von Arbeit, ja sogar einer wie auch immer gearteten *Tätigkeit überhaupt* in keiner Weise ein systematischer Bezug[74] zu menschlicher Selbstbestimmung oder gesellschaftlicher Freiheit zugesprochen wird. Diesseits der häufig dominierenden, aber eher oberflächlich angesiedelten Debatte um die der Grundeinkommensidee angeblich inhärente Anstiftung zur Faulheit wirft dies die tiefer liegende Frage auf, worauf das Grundeinkommenskonzept seinen Begriff von Freiheit eigentlich gründet, wenn dieser mehr sein soll als ein bloß negativer Freiheitsbegriff: Denn wenn reale Freiheit im Sinne persönlicher Selbstbestimmung durch ein *unbedingtes*, d.h. im Prinzip auch Untätigkeit und isolationistisches Sich-selbst-Genügen systematisch mitumfassendes Grundeinkommen konstituiert werden soll, dann wird dafür ein jeder menschlichen Handlungsweise, aber auch jeder gesellschaftlichen Struktur *vorgängiges*, gleichsam natur- oder keimhaft im Einzelnen wurzelndes und von dort – wenn nur nicht durch hemmende Faktoren eingeschränkt – gleichsam aussprießendes Freiheitsvermögen vorausgesetzt.[75] Der Vorschlag des Grundeinkommens ist daher nicht nur im Blick auf seine Bewertung der Arbeit, sondern im Verbund damit vor allem auch im Blick auf das von ihm veranschlagte Freiheitskonzept von dem Postulat der Selbstbestimmung/Anerkennung *durch* bzw. *in* der Arbeit unterschieden: Für beide Positionen gilt nämlich – wenn auch in jeweils unterschiedlicher Akzentuierung – zum einen, dass Selbstbestimmung, Freiheit und Anerkennung grundsätzlich über eine bestimmte Form der Arbeit (im einen Fall durch ökonomische Arbeit, im anderen durch „befreite", d.h. gerade nicht im marktförmigen Leistungsaustausch ökonomisch organisierte Arbeit) vermittelt werden; für beide Positionen gilt zum zweiten, dass dieser Vermittlungsprozess im systematischen Rahmen einer gesellschaftlichen Eingefasstheit geschieht. Gegenüber dieser konstitutiven gesellschaftlichen Dimension von Freiheit ist das dem unbedingten Grundein-

---

[74] Entscheidend ist dabei, dass kein *systematischer* Bezug hergestellt wird: Damit ist nicht gesagt, dass die Nicht-Arbeit oder Un-Tätigkeit (womöglich gar Faulheit) von der Grundeinkommenskonzeption befördert wird. Tatsächlich intendiert die Grundeinkommensidee ja sogar eine neue Aktivierung der Menschen: Aber nach der hier vertretenen These kann sie diese – als Preis für ihren Unbedingtheitsanspruch – nicht *systematisch* in ihre Konzeption einbeziehen.

[75] Nähere Ausführungen zu diesem Gesichtspunkt siehe unten, Abschnitt 3.3.5.

kommen zugrunde gelegte Freiheitskonzept nicht genuin sozialer, sondern individualistischer Art – in methodischer Sicht ist es entsprechend nicht handlungstheoretisch und interaktionistisch, sondern anthropologisch-subjektivistisch begründet. Teilt man diese elementare Hintergrundauffassung der Grundeinkommenskonzeption nicht – betrachtet man also selbstbestimmte Persönlichkeitsentfaltung nicht als gleichsam unmittelbar aus dem Einzelnen herauswachsende *Entwicklung*, sondern als konstitutiv tätigkeitsvermittelten und sozial eingebundenen *Prozess* –, wird man konsequenterweise auch andere Schlussfolgerungen bezüglich der gesellschaftlichen Auswirkungen des Grundeinkommens ziehen: Dann wird man gerade in der „sozialvergessenen" Unbedingtheit des Grundeinkommens, mit der die unvermittelte Unbedingtheit des dahinter stehenden Freiheitskonzepts korrespondiert, nicht die Ermöglichungsgrundlage für eine neue Selbstbestimmung und Emanzipation sehen, sondern eher die Ausgangsbasis einer erweiterten Exklusion und Stigmatisierung[76] all derjenigen, die außerhalb anerkannter und systematisch zu organisierender Mechanismen der Sozialintegration stehen.[77] Wer Freiheit und Selbstbestimmung als etwas ansieht, das erst gesellschaftlich konstituiert werden muss, wird die Alternativensetzung „Freiheit oder Vollbeschäftigung" entsprechend zurückweisen müssen – nicht nur aufgrund einer differenten Haltung zur Bedeutung der Arbeit, sondern auch in Gegenstellung zu dem dahinter stehenden individualistischen, entsozialisierten Konzept negativer Freiheit: „Die Strategie für ein Grundeinkommen setzt auf einen naturwüchsigen Prozess der Rückwirkung auf alle anderen gesellschaftlichen Verhältnisse, ohne deren Veränderung selbst zum Thema zu machen."[78]

Die Unbedingtheit des Grundeinkommens beruht also schon auf der fundamentalen Ebene ethischer Grundbestimmungen auf weitreichenden Voraussetzungen, vor deren Hintergrund der Grundeinkommensansatz gegenüber allen anderen Vorschlägen sowohl plausibel als auch kritisierbar wird – abhängig

---

[76] In expliziter Gegenstellung dazu das Selbstverständnis des Grundeinkommensstandpunktes: „Alle durch unser heutiges Sozialsystem erzeugten Stigmatisierungseffekte werden dadurch [durch ein bedingungsloses Grundeinkommen; M.B.] aufgehoben." (LIEBERMANN 2006, S. 110)

[77] Das Grundeinkommen wird unter dieser veränderten Perspektive auf das Verhältnis von Arbeit und Selbstbestimmung dann als eine Art „Stilllegungsprämie" betrachtet. Eine solche Lesart findet sich zum einen bei sozialistisch orientierten Befürwortern eines beizubehaltenden, nur anders – nämlich über Arbeitszeitverkürzung – zu gestaltenden Arbeitsideals, so etwa bei BISCHOFF 2007, S. 100: „Die Leugnung der Bedeutung der Erwerbsarbeit für die individuelle Selbstbeschreibung, das soziale Umfeld und die gesellschaftliche Stellung ist nicht nur theoretisch falsch. Sie fertigt auch den Wunsch nach aktiver Mitgestaltung und Produktivität von Frauen und Männern in der Erwerbssphäre als ideologischen Irrglauben ab [...]." – Auch vom Standpunkt der christlich-sozialen Arbeitslehre aus kann man zu einer ähnlichen Bewertung kommen: „Das Bürgergeld als bedingungsloses Grundeinkommen forciert den Ausschluss und den Ausstieg aus der Arbeit. Wer Arbeit und Einkommen trennt, erhöht die Fremdbestimmung und vergrößert die Abhängigkeit vom Geldgeber Staat" (BLÜM 2007).

[78] BISCHOFF 2007, S. 100.

davon, ob diese Voraussetzungen jeweils geteilt oder abgelehnt werden. Gerade das Merkmal der Unbedingtheit hat sich aber noch auf einer anderen, in der Debatte um das Grundeinkommen häufiger berührten Ebene zu rechtfertigen: nämlich im Blick auf die Frage der Gerechtigkeit.

3.3.4 Eigenleistung und Sozialleistung: Wer verdient was? – Zur Gerechtigkeitsdimension des Grundeinkommens

Die Gerechtigkeitsbezüge des Grundeinkommens sind in theoretischer Hinsicht ebenso komplex, wie sie in der öffentlichen Debatte häufig bis zur Unkenntlichkeit verkürzt werden. Aus der Perspektive des Erwerbsarbeitsparadigmas, nach dem Einkommen prinzipiell an Arbeitsleistung bzw. – im Falle von Sozialtransfereinkommen – an prinzipielle Arbeitsbereitschaft gebunden ist, erscheint gerade die Gerechtigkeitsfrage als der wunde Punkt des Grundeinkommens: „Das ‚arbeitslose' Grundeinkommen, welches Bürgergeld genannt wird, verstößt gegen alles, was wir über Gerechtigkeit und Solidarität gelernt haben. Es kämmt alle über den gleichen Kamm. Das Zeitalter der Gleichmacherei hat begonnen. [...] Das Bürgergeld verstößt gegen die Gerechtigkeit, weil die Gerechtigkeit verlangt, Gleiches gleich und Ungleiches ungleich zu behandeln."[79] Die These, das Konzept des unbedingten Grundeinkommens verstoße gegen die Prinzipien von Gerechtigkeit und Solidarität, gliedert sich dabei in zwei verschiedene Hauptargumentationsreihen:

Zum einen wird unterstellt, die Gewährung eines unbedingten Grundeinkommens führe objektiv zum Ausschluss von Menschen aus dem Arbeits- und Sozialleben (Verstoß gegen die Solidarität); die subjektive Variante dieser Auffassung mündet in den Vorwurf, das unbedingte Grundeinkommen befördere eine leistungsfeindliche Kultur der Untätigkeit und sei in diesem Zusammenhang weniger als Recht auf Einkommen denn als „Recht auf Faulheit"[80] zu verstehen. Da beide Vorhaltungen unter anderem[81] auf bestimmten Annahmen über die Motivations- und Antriebsdynamik von Menschen beruhen, sollen sie weiter

---

[79] BLÜM 2007. – Interessanterweise erinnert das von Norbert Blüm an dieser Stelle in Anspruch genommene Diktum von der Gleichbehandlung des Ungleichen stark an Platons *Politeia*, in der sich Platon kritisch mit der Staatsform der Demokratie auseinandersetzt, „die so etwas wie Gleichheit gleichmäßig an Gleiche und Ungleiche verteilt." (PLATON 1989, S. 558 c) Platon kennzeichnet in diesem Kontext gerade das demokratische Streben nach schrankenloser Freiheit als Grund für ihre eigene Auflösung (vgl. a.a.O., S. 562 b–e); für den Bürger in der Demokratie gelte zudem: „Weder Ordnung noch Pflichtzwang regelt sein Leben, sondern er lebt so in den Tag hinein bis an sein Ende und nennt das ein liebliches, freies und seliges Leben." (a.a.O., S. 561 d) – Es ist bemerkenswert, dass zentrale Elemente der platonischen Demokratiekritik heute im Kontext der Grundeinkommenskritik wiederzufinden sind.

[80] Nach dem berühmten Buch von Paul Lafargue; siehe LAFARGUE 1966.

[81] Die Frage nach dem möglichen Ausschließungseffekt des Grundeinkommens hat zudem mit dem jeweils vertretenen Freiheitskonzept zu tun; hierzu siehe oben, Abschnitt 3.3.3.

unten bei der Erörterung der Umsetzungs- und Implementierungsbedingungen des Grundeinkommens behandelt werden.[82]

Der andere Argumentationsstrang ist unmittelbar gerechtigkeitstheoretischer Art, und auch er hat eine objektive und eine subjektive Lesart: Demnach verstößt das Konzept des unbedingten Grundeinkommens in objektiver Hinsicht gegen das gerechtigkeitstheoretische Reziprozitätsprinzip, also den wechselseitigen Zusammenhang von Anerkennung – d.h. im gegebenen Zusammenhang: Einkommen – und Leistung, also erbrachter Arbeit. In subjektiver Hinsicht ist damit gemeint, es sei ungerecht, wenn einige Mitglieder der Gesellschaft ohne Eigenleistung – gleichsam als Sozial-Surfer – auf Kosten der anderen (nicht etwa der Allgemeinheit, denn an dieser nehmen sie selbst als Leistungserbringer ja nicht teil) leben und in diesem Sinne profitieren. Dieser intuitiv zunächst einleuchtende und nach wie vor weitverbreitete Einwand gegen das unbedingte Grundeinkommen trifft in der Tat eine Kernproblematik: nämlich die Frage nach dem Verhältnis von individueller Leistung und dem Anspruch auf anteilige Aneignung des Sozialprodukts. In der öffentlichen Diskussion kommt diese Fragestellung – zumeist allerdings eher populistisch und ohne in ihrer grundsätzlichen, verallgemeinerbaren Dimension gesehen zu werden – regelmäßig in der Debatte um die relative Angemessenheit von Spitzengehältern zum Vorschein: Wie hoch ist die individuell zurechenbare Leistung etwa eines Topmanagers an der Gesamtwertschöpfung eines Unternehmens zu bewerten und entsprechend zu vergüten? Führt man diese *relative* Fragestellung der angemessenen Vergütungs*höhe* auf ihren Kern zurück, dann stößt man allerdings bald auf den grundlegenderen Gesichtspunkt, ob nicht *prinzipiell* ein Teil jeglicher unternehmerischer oder gesamtgesellschaftlicher Wertschöpfung der individuellen Zurechenbarkeit – und damit einer individuellen Vergütung – *absolut* entzogen ist: nämlich aufgrund der Tatsache, dass in jede Form der Wertschöpfung nicht nur die jeweilig individuell investierte Leistung in Form von Arbeit, Kapital oder Wissen eingegangen ist, sondern auch die Gesamtheit aller für die Wertproduktion relevanten nicht-individuellen Leistungen: indirekte Leistungseinbringungen anderer Unternehmens- bzw. Gesellschaftsmitglieder, auf denen die eigene Arbeitsleistung aufbaut; Infrastrukturbedingungen der öffentlichen Hand inklusive staatlich bereit gestellter Bildungsressourcen; sozialer Frieden und stabile politische Verhältnisse etc. Neben dieser *sozial* definierbaren Komponente von Gemeinleistungen, die aufgrund der Komplexität gesellschaftlicher Wechselwirkungsverhältnisse nicht mehr gleichsam entwirrbar und auf einzelne konkrete Leistungserbringer rückführbar sind, gibt es weiterhin noch *geschichtliche* und

---

[82] Siehe unten, Abschnitt 3.3.5.

natürliche Leistungskomponenten, deren individuelle Zurechenbarkeit und damit Vergütbarkeit prinzipiell nicht gegeben ist: Dazu gehören das Wissen, die Vorarbeiten und der Erfahrungsschatz vorausgegangener Generationen (historische Komponente)[83], aber auch der Rückgriff auf Boden und natürliche Ressourcen als materielle Grundlage der Wertschöpfung (natürliche Komponenten).[84]

Vor diesem Hintergrund lässt sich die der Grundeinkommensidee eigentümliche Forderung nach *Unbedingtheit* des Einkommens über eben jenen gegenüber der individuellen Leistung immer schon *absoluten* – d.h. im Wortsinn: losgelösten – Gemeinanteil jeglicher Wertschöpfung begründen: So betrachtet, ist das unbedingte Sockeleinkommen dann nichts anderes als die äquivalente Auszahlung eben jenes absoluten Sozialanteils. Das Grundeinkommen zahlt dann eben nicht „Gleiches für Ungleiches", sondern gerade „Gleiches für Gleiches" – und umgekehrt erscheint die Hypothese, der Einkommensanspruch sei komplett (und nicht etwa nur anteilig) auf individuelle Leistung zu begründen, als sachlich falsch und daher in der Konsequenz als ungerecht: Denn ein absolut gesetzter Individualleistungsansatz führt dann zu einer Vergeltung von „Ungleichem mit Gleichem" und bricht also selbst mit dem Prinzip der Reziprozität. Akzeptiert man diese Lesart, erscheint es also systematisch unsinnig, den Grundeinkommensanspruch an eine individuelle Gegenleistung oder Leistungsbereitschaft (z.B. Arbeit bzw. Arbeitswilligkeit) zu binden, da das Grundeinkommen nach diesem Begründungszusammenhang immer schon reziprok rückgebunden *ist*: nämlich an den irreduziblen, nicht individuell vergütbaren Gemeinwertschöpfungsanteil.

---

[83] Vgl. WERNER 2007, S. 49: „Wir vergessen immer, dass wir heute nur von dem leben, was bereits erarbeitet worden ist, und nicht von dem, was wir jetzt gerade, in diesem Moment tun. Unser gegenwärtiges Einkommen wird ermöglicht durch das, was vorher geleistet wurde, was andere zuvor erarbeitet haben."

[84] Interessanterweise basiert die derzeit weltweit einzige, zumindest im Ansatz etablierte Form eines unbedingten Grundeinkommens – der *Alaska Permanent Fund* – auf eben diesem Begründungsansatz. Der *Alaska Permanent Fund* schüttet seit 1982 einen Teil der Einnahmen, die durch die Vermarktung der staatlichen Ölvorkommen erzielt werden, in Form von jährlichen Dividenden an alle ständigen Einwohner Alaskas aus. (Hierzu siehe u.a. FÜLLSACK 2002, S. 116 f.) – Auch einige historische Vordenker der Grundeinkommensidee berufen sich auf den skizzierten Zusammenhang: Hierzu zählt, im Gedankengut der Französischen und Amerikanischen Revolutionen des 18. Jahrhunderts stehend, u.a. Thomas Paine. In diese Richtung weitergedacht hat im 19. Jahrhundert der französische Sozialphilosoph Charles Fourier, der auch der Namensgeber für die unter dem Titel *Collectif Charles Fourier* operierende Vorgängergruppierung des *Basic Income European* [später: *Earth*] *Network* war. Leitend war bei beiden Denkern die Vorstellung, dass die gesamtgesellschaftliche Wertschöpfung, soweit sie auf der Nutzung von Grund und Boden sowie natürlicher Ressourcen beruht, anteilsmäßig allen zusteht, da natürliche Ressourcen als nicht-individualisierbarer Gemeinschaftsbesitz der Gesellschaft bzw. der Menschheit im Ganzen zu betrachten seien. Hierzu sowie zur Vorgeschichte der Grundeinkommensidee insgesamt siehe FÜLLSACK 2002, S. 103–117; VANDERBORGHT/VAN PARIJS 2005, S. 15–36; VOBRUBA 2007, S. 74–82.

Dieser Begründungszusammenhang scheint gerade im Blick auf die Entwicklungstendenzen der modernen Wirtschaft und Gesellschaft immer mehr an Relevanz zu gewinnen: Denn je verflochtener die sozioökonomischen Prozesse in zunehmend globalisierten Verhältnissen werden, je stärker die Wirtschaft sich von ihrer früheren, autarken Form der Subsistenzwirtschaft in Richtung einer Wechselwirkungswirtschaft[85] wandelt, desto größer wird der Anteil der unentflechtbaren, d.h. nicht-individualisierbaren Gemeinschaftsleistung an der erwirtschafteten Gesamtleistung.[86] Zwar bleibt als weiterführendes Fragefeld offen, ob die Vergeltung bzw. Redistribuierung jenes nicht-individualisierbaren Gemeinwertschöpfungsanteils unter gerechtigkeitstheoretischen Gesichtspunkten exklusiv über das System eines unbedingten Grundeinkommens zu realisieren ist oder ob nicht andere Wege der Einlösung jenes Allgemeinanspruchs zielführender sind. In jedem Fall aber eröffnet sich im Lichte des aufgezeigten Begründungszusammenhangs eine Perspektive, die zur Vorsicht gegenüber dem Anschein einer vermeintlich allzu offensichtlichen Leistungsungerechtigkeit des unbedingten Grundeinkommens mahnt – eine Mahnung, die keineswegs die reziproke Leistungsbindung von Einkommen in Frage stellt, wohl aber eine individualistisch verengte Interpretation dieses Leistungs- und Reziprozitätsprinzips selbst.

3.3.5 Hängematte oder Horrido[87]: Was aktiviert wen? – Zur Umsetzungsdimension des Grundeinkommens

Ein letztes Fragenfeld betrifft die Dimension der Umsetzung des Grundeinkommens. Auch hier zeigt sich die Verflechtung der Problemstellung mit Gesichtspunkten, die bereits auf anderen Ebenen erörtert wurden: So ist die ethisch relevante Frage nach den sozialinkludierenden oder -exkludierenden Effekten eines unbedingten Grundeinkommens[88] nicht unabhängig davon zu entscheiden, welche sozialpsychologisch fassbaren Antriebsstrukturen und motivations-

---

[85] Götz Werner spricht in diesem Zusammenhang von einer „Fremdversorgungswirtschaft"; vgl. zum Themenkomplex insgesamt WERNER 2007, S. 47–53.
[86] Manfred Füllsack wendet diesen Sachverhalt gegen das mit dem Grundeinkommensansatz konkurrierende Konzept der Arbeitszeitverkürzung bzw. -flexibilisierung: „Das Prinzip, nach dem ‚jeder seiner Arbeit entsprechend' entlohnt wird, hat sich damit auch deshalb unter modernen Arbeitsbedingungen grundlegend überholt. Das Sozialprodukt ist in der Moderne durch den einfließenden Kollektivanteil vieler Generationen längst ‚zu einem wirklichen Gemeingut' geworden, das sich nicht mehr zu Zwecken der Umverteilung auseinanderdividieren lässt. Jegliche Arbeitszeitverkürzung zum Zweck einer dem Reziprozitätsprinzip entsprechenden Gerechtigkeit würde daher in der Praxis den tatsächlichen Beitrag der Einzelnen zum Sozialprodukt verfehlen und somit dem Gerechtigkeitsprinzip widersprechen." (FÜLLSACK 2002, S. 146)
[87] Alter Jagdruf, der sich vom Aufhetzen der Hunde bei der Treibjagd herleitet.
[88] Hierzu siehe oben, Abschnitt 3.3.3.

theoretischen Hintergrundannahmen jeweils zugrunde gelegt werden. Auch für die fiskalisch-technische Frage nach der Art der Finanzierung eines Grundeinkommens spielt dieser Aspekt eine wesentliche Rolle: Ein Konzept, welches ein einkommensteuerfinanziertes Grundeinkommen veranschlagt und dabei einkommensabhängige Verrechnungen zwischen Erwerbseinkommen und Grundeinkommen vorsieht[89], rechnet im Wortsinn mit der Notwendigkeit, extrinsische Anreize zur Arbeitsaufnahme setzen zu müssen; ein auf Konsumsteuerfinanzierung setzendes Modell hingegen, das die grundeinkommensbezogene Steuerlast und damit die reale Gesamteinkommenshöhe von der Höhe der individuellen Erwerbseinkünfte abkoppelt und ausschließlich an die Ausgabenseite bindet, wird eher mit einer intrinsisch motivierten Arbeits- und Aktivierungshaltung rechnen.[90]

Vor allem ist der Gesichtspunkt der Handlungsmotivation aber relevant im Blick auf den Vorwurf, das unbedingte Grundeinkommen komme einer Art Stilllegungsprämie gleich oder befördere gar eine Kultur der Faulheit. Im Hintergrund dieser These steht dabei ganz grundsätzlich die nicht nur gerechtigkeits-, sondern motivationstheoretische Leitvorstellung: „Leistung muss sich lohnen" – sonst sei nicht nur der leistungsentkoppelte Lohn nicht gerechtfertigt (Gerechtigkeitsdimension)[91], sondern es werde auch die lohnentkoppelte Leistung gar nicht erst erbracht (Motivationsdimension). Unabhängig von der Diskussion um das Grundeinkommen, aber auf diese beziehbar, wird diese Leitvorstellung unter dem Titel „Armutsfallen-Theorem"[92] häufig als Grundlage einer Kritik der aktuellen Regelung der sozialen Existenzabsicherung herangezogen. Das Theorem besagt, dass dann, wenn bei Aufnahme einer vergüteten Arbeitstätigkeit das zu erwartende Erwerbseinkommen nicht oder nicht nennenswert über dem ansonsten zu beziehenden und im Erwerbsfall anzurechnenden Sozialtransfereinkommen liegt, im Sinne einer *rational choice* kein Anreiz bestehe, eine derartige Erwerbsarbeit anzunehmen – der Betreffende verbleibe aufgrund mangelnder Motivation im Sozialeinkommensbezug und verbaue sich damit die längerfristige Chance zur Erzielung eines insgesamt höheren Erwerbseinkommens.[93] Bemerkenswert ist, dass diese Argumentation, wenn sie eine nicht nur

---

[89] So etwa die Modelle der negativen Einkommensteuer und das Althaus-Modell, hierzu siehe oben, Abschnitt 2.1, Fn. 5 und 6.

[90] So etwa das Modell von Götz Werner; siehe oben, Abschnitt 2.1, Anm. 5. – Dabei ist natürlich festzustellen, dass die Frage der Handlungsmotivation nur *ein* Gesichtspunkt ist, der der jeweiligen Gestaltung des Finanzierungskonzeptes zugrunde liegt. Darüber hinaus spielen auch gesamtwirtschaftliche Aspekte eine Rolle, die hier nicht weiter abgehandelt werden können.

[91] Zu dieser Debatte siehe oben, Abschnitt 3.3.4.

[92] VOBRUBA 2000, S. 87; hierzu im Weiteren ebd. ff.

[93] Akzeptiert man die Argumentation des Armutsfallen-Theorems, wäre eine ableitbare Konsequenz dann etwa die Lockerung der starren Anrechnungsverfahren zwischen Erwerbs- und Sozialeinkommen.

teilgruppenbezogene, sondern generelle Geltung für sich beansprucht, auf zwei starken Prämissen aufbaut: Sie geht zum einen von dem strikt systemisch-methodischen Ansatz aus, dass es „starre Verbindungen zwischen institutionellen Rahmenbedingungen und tatsächlichem Handeln"[94] gibt, dass also die Systembedingungen im Wesentlichen oder zumindest maßgeblich dafür verantwortlich sind, wie Menschen sich entscheiden; die vermeintliche Freiheit einer rationalen Wahl *(rational choice)* entpuppt sich hier also tatsächlich als Muster einer determinierten Reaktion.[95] Zum zweiten geht die Argumentation davon aus, dass dieses Reaktionsmuster nach der Logik eines strikten Profitmaximierungskalküls funktioniert: Es zielt auf das optimale Verhältnis von investiertem (Arbeits-)Input zu erwartbarem (Einkommens-)Output. Damit wird aber als modellhafter Grundtypus des Sozialeinkommensbeziehers ein *homo oeconomicus*, ein knallhart kalkulierender Unternehmertypus im ökonomistisch verengten Sinne[96] vorausgesetzt: einer, der sich in seiner Haltung und Verhaltensweise in nichts vom klischeehaften Typus des auf kurzfristige Profitmaximierung orientierten Topmanagers unterscheidet.[97]

Wie verhält es sich nun, wenn man diese Hintergrundannahmen der Leitvorstellung „Leistung muss sich wieder lohnen" – also eben jener Leitvorstellung, die der Kritik des Armutsfallen-Theorems an einem mit Erwerbsarbeit zu verrechnenden Sozialeinkommen zugrunde liegen – auf den Vorschlag des unbedingten, das heißt gerade gar keine Verrechnung von Erwerbs- und Sozialeinkommen vorsehenden Grundeinkommens bezieht? In kritischer Anwendung auf das Grundeinkommenskonzept bekommt die Maxime „Leistung muss sich lohnen" in der Regel die Lesart, dass, wer nicht arbeiten, also Leistung erbringen *müsse*, dies auch nicht *tun* werde: Statt Leistung zu belohnen, belohne das Grundeinkommenskonzept Nicht-Leistung, nämlich Faulheit. Soll diese Grundaussage stichhaltig sein, so muss zum einen auch hier – in Übereinstimmung mit der Argumentation des Armutsfallen-Theorems – von der strikt systemischen Hintergrundannahme eines starren Reiz-Reaktionsmusters ausgegangen werden: Nur die systemischen Rahmenbedingungen, nicht persönliche Handlungs-

---

[94] VOBRUBA 2000, S. 99.

[95] Georg Vobruba macht deutlich, „wohin es führt, wenn man von institutionellen (Anreiz-)Strukturen direkt auf tatsächliches Handeln schließt, nämlich dazu, dass man die Akteure zu Reaktionsdeppen degradiert." (a.a.O., S. 102)

[96] Der Begriff des Unternehmers (analog des Unternehmens) im ganzheitlichen Sinne ist – entgegen einer populär verbreiteten Verwendung und Vorurteilsbehaftung – nicht auf den *homo oeconomicus* oder das Prinzip der kurzfristigen Profitmaximierung zu verkürzen; eine solche Verkürzung wäre vielmehr geradezu eine Verzerrung. In einem erweiterten Sinn ist die Kategorie des Unternehmertums noch nicht einmal auf den ökonomischen Bereich insgesamt beschränkt, sondern lässt sich auf Kategorien von Bildung, Persönlichkeits- und Lebensentfaltung erweitern.

[97] Es wäre verlockend, einmal der Frage nachzugehen, inwieweit diese überraschende Wesensverwandtschaft von Sozialhilfeempfänger und Topmanager in der modellhaften Konstruktion dem Selbstbild sowohl der einen als der anderen Gruppe in der Wirklichkeit entspricht.

gründe in ihrer Vielfalt von möglichen Motivationsquellen gelten demnach als die motivierenden (eigentlich: konditionierenden) Faktoren des Leistungsanreizes. Überträgt man nun auch die zweite anhand des Armutsfallen-Theorems analysierte Hintergrundprämisse der Leitvorstellung „Leistung muss sich lohnen" auf den Grundeinkommenszusammenhang, so wäre gemäß der dort geltend gemachten Rationalität des *homo oeconomicus* allerdings zu erwarten, dass dem Grundeinkommensbezieher im Modell ein maximaler Anreiz zugeschrieben werde, über das Grundeinkommen hinaus (erwerbs-)tätig zu werden: Denn für den unterstellten Unternehmertypus müsste sich das bedingungslos ausgezahlte Sozialeinkommen analog einer nicht selbst aufzubringenden Infrastrukturinvestition auswirken – als Grundlage, auf der nun der Profit, d.h. das verfügbare Einkommen, ohne Eigenkapitaleinsatz und entsprechendes Investitionsrisiko gesteigert werden kann. Inkonsequenterweise geht aber die auf der Maxime „Leistung muss sich lohnen" aufbauende Kritik am Grundeinkommen gerade in die Gegenrichtung: Sie geht nunmehr, in Anwendung auf das Grundeinkommensmodell, davon aus, dass der Sozialeinkommensbezieher nicht mehr gemäß den gegebenen Systembedingungen ökonomisch-rational handelt, sondern gerade die unternehmerische Steilvorlage auslässt und sich in die unproduktive Hängematte begibt. Die gegen das Grundeinkommen gerichtete Argumentation geht also nur dann auf, wenn sich die Maxime „Leistung muss sich lohnen" hier – anders als im Falle des Armutsfallentheorems – gerade nicht mehr auf den rational kalkulierenden *homo oeconomicus* beruft (der dann faul ist, wenn dies nach Kriterien der Nutzenkalkulation rational ist), sondern auf den *homo morator* – den an sich faulen Menschen. Tatsächlich lässt sich das unbedingte Grundeinkommen, weil es keine Anrechnung vom Sozial- auf das Arbeitseinkommen vorsieht, aber als das genaue Gegenteil einer Armutsfalle im oben aufgezeigten Sinne beschreiben, ja geradezu als Extremfall einer sozialstaatlichen Regulierung, für die unumschränkt gilt: Wer arbeitet, der soll auch mehr haben – oder anders formuliert: Leistung wird belohnt.

Es zeigt sich also, dass die These von der leistungshemmenden bzw. negativen Anreizwirkung des Grundeinkommens insgesamt begründungsbedürftige Annahmen voraussetzt, die gemessen an der Leistungsanreizargumentation des Armutsfallen-Theorems sogar partiell inkonsistent sind. Die Vorentscheidung, die dieser These schon unausgesprochen zugrunde liegt, beruht wie dargestellt auf der Entscheidung für ein systemisch-reaktives Erklärungsmodell menschlicher Entscheidungsmotivation (Modell extrinsischer Anreizsteuerung). Dieses systemische Modell muss, um erklärungstauglich zu sein, in individueller Hinsicht auf eine wesenhafte menschliche Untätigkeitsstruktur, also auf einen Mangel intrinsisch vorhandener Leistungsanreize setzen und geht insofern vom anthropologischen Modell des unbeschriebenen Blattes *(White Paper)* aus. Nur unter diesen Voraussetzungen ist die These von der Leistungsabträglichkeit des unbedingten Grundeinkommens plausibel. Trifft man in beiden Punkten andere Vorentscheidungen, wird man hier auch zu anderen Konsequenzen gelangen. So setzt das Konzept des Grundeinkommens idealtypisch auf die gestalterische Handlungsinitiativität der Person, die im Prinzip – auch bei angemessener Berücksichtigung der Beeinflussung durch äußere Bedingungsfaktoren – als leitend für die Entscheidungsbestimmung von Menschen angesehen wird: Über diesen, einem systemischen Sachzwangdenken direkt entgegengesetzten Ansatz begründet sich gerade der emanzipatorische Anspruch und das reklamierte liberale Potential der Grundeinkommensidee. Dementsprechend geht diese in anthropologischer Hinsicht entgegen dem *White-Paper*-Modell von einem intrinsischen, positiven, aber gleichwohl unspezifizierten, d.h. differenzierungsoffenen Gestaltungsvermögen aus – einer Art von innerlichem und nach Außen drängendem Gestaltungswillen, durch den sich die Freiheit des Menschen in der Welt und in der Gesellschaft Ausdruck verschafft. Unter solchen Voraussetzungen, die das Ergebnis einer bestimmten anthropologischen Theorieentscheidung sind, wird das unbedingte Grundeinkommen konsequenterweise eine aktivierende, leistungsbefreiende und potentialweckende Wirkung zeitigen.

Allerdings sind auch die Vorentscheidungen, auf die sich das Grundeinkommenskonzept mit seinem Liberalitäts- und Aktivierungsanspruch stützt, hochgradig voraussetzungsbehaftet und also begründungsbedürftig. Das betrifft, wie oben bereits angedeutet[98], zunächst den zugrunde gelegten Freiheitsbegriff selbst; jedenfalls dann, wenn der Anspruch der Grundeinkommenskonzeption über die Begründung einer bloß negativen Freiheit – einer Freiheit zur Freiheit, bei der es zu Abgrenzungsschwierigkeiten zum Begriff der Willkür bzw. der Beliebigkeit kommt – hinausgehen soll. Denn Freiheit, soll sie eine gerichtete und gleichsam verfügbare sein, hat immer auch eine bedingende und gleichsam gesetzgeberische Komponente: Sie ist im Wortsinn Autonomie[99], d.h. Selbstgesetzgebung, und als solche niemals unbedingt. Ein Konzept absoluter, im Wortsinn losgelöster Freiheit ist dagegen in ganz konkreter Bedeutung inhuman: Sie ist nicht menschengerecht, insofern der Mensch selbst ein konstitutiv bedingtes Wesen ist. Menschliche Freiheit hat daher immer auch eine Komponente von Erarbeitung, sogar von Mühe und Widerständigkeit, sie ist nicht einfach nur fertig entsprungen, sondern konstituiert sich erst in einem Spannungsfeld von sowohl richtender, (selbst-)determinierender Bestimmtheit als auch wahrhaft

---

[98] Siehe oben, Abschnitt 3.3.3.
[99] Von griech. *autos* = ‚selbst‘ und griech. *nomos* = ‚Gesetz‘.

ursprünglichen Entsprungenseins.[100] Der Mensch, gerade wenn er sich im vollen Spektrums seines Menschseins lebens-„unternehmerisch" entfalten soll, wie es die Idee des Grundeinkommens vorsieht, kann an diesem Faktor der Begrenztheit nicht vorbeigehen, ohne an sich selbst vorbeizugehen. Wenn daher das Leistungsanreizkonzept, das dem Armutsfallen-Theorem und dem an das Grundeinkommen adressierten „Hängematten"-Vorwurf zugrunde liegt, Gefahr läuft, den Menschen auf eine rein extrinsisch getriebene Reaktionsmaschine zu reduzieren, und gerade aufgrund dieser reduktiven Vereinseitigung als problematisch erscheint, so droht dem Grundeinkommenskonzept, soweit es ein intrinsisches Freiheitskonzept impliziert, eine gegenläufige Gefahr: nämlich einen vermeintlich *idealen* Zustand *totaler* Freiheit zu unterstellen und in dieser theoretisch-anthropologischen Überforderung, die dann in praktisch-lebensweltlichen Überforderungen sich niederschlagen muss, gerade die angestrebte Verwirklichung *realer* Freiheit zu verfehlen – denn diese muss als reale immer auch eine endliche und *grenzen*verwiesene Freiheit sein.[101]

Im Kontext der hier thematisierten Implementierungs- und Umsetzungsfragen führen diese grundsätzlichen freiheitstheoretischen Gesichtspunkte zu kritischen Fragen an das Grundeinkommensmodell: Ist die – einmal im Sinne der Grundeinkommensidee als realisiert unterstellte – Freisetzung von Menschen aus der Verkoppelung von Einkommen und Arbeit erstens dazu geeignet, den notwendigen Fortbestand von herkömmlicher Erwerbsarbeit in ausreichendem Maße zu gewährleisten, und ist sie zweitens geeignet, aus sich heraus und ohne Weiteres eine freie Gesellschaft und eine selbstbestimmte individuelle Lebensführung zu bewirken? Die erste Frage trägt dem Umstand Rechnung, dass selbst dann, wenn man den so genannten „Hängematten"-Vorwurf verwirft und tatsächlich auf das aktivierende, produktivitätsentfesselnde Potential der Grundeinkommensidee vertraut, damit noch nicht gesagt ist – und auf der Grundlage des Grundeinkommensansatzes mit seinem Konzept absolut unbestimmbarer Freiheit auch systembedingt gar nicht vorhersehbar ist und vorhersagbar sein soll –, in welcher *Weise* sich dieser Produktivitätsimpuls ausgestaltet. Mit anderen Worten: Auch wenn man das gegen das Grundeinkommen vorgebrachte „Hängematten"-Argument grundsätzlich abweist, ist damit noch nicht automa-

---

[100] Man könnte sagen, menschliche Freiheit konstituiert sich als solche immer in einem polarisierten Gravitationsfeld von Freiheit und Unfreiheit – im Gegensatz zur göttlichen, in der Freiheit und Notwendigkeit in eins fallen.

[101] Im gegebenen Themenkontext vgl. ARENDT 2003, S. 143: „Solange aber diese Grundbedingungen [menschlichen Lebens; M.B.] anhalten, können Menschen frei nur sein, wenn sie von der Notwendigkeit wissen und ihre Last auf den Schultern spüren. Wenn die Arbeit so leicht geworden ist, daß sie kein Fluch mehr ist, besteht die Gefahr, daß niemand mehr sich von der Notwendigkeit zu befreien wünscht, bzw. daß Menschen ihrem Zwang erliegen, ohne auch nur zu wissen, daß sie gezwungen sind."

tisch die Schlussfolgerung widerlegt, zu der das „Hängematten"-Argument dann nur die falsche Prämisse wäre: nämlich das mögliche Szenario einer aufgrund mangelnder Erwerbsarbeitsbereitschaft einbrechenden ökonomischen Gesamtwohlstandsproduktion. Die Einführung eines Grundeinkommens könnte eine hochproduktive, hochleistungsfähige, hocharbeitsame Gesellschaft generieren – aber nicht notwendigerweise eine im ausreichenden Maße *erwerbs*arbeitsame, *wirtschaftsgüter*produktive und damit volkswirtschaftlich relevante Aktivität entwickeln. Gerade dann, wenn – als integraler Bestandteil der Idee und in Gegenstellung zu den Befürwortern eines Rechts auf Arbeit – auch die Kriterien gesellschaftlicher Anerkennung von ihrer bisherigen einseitigen Kopplung an Erwerbsarbeit gelöst werden sollen, bleibt das Grundeinkommenskonzept, um gesamtökonomisch verlässlich funktionieren zu können, am Ende doch systematisch auf den extrinsischen Anreiz des Mehrverdienstes durch Erwerbsarbeit angewiesen.[102]

Die zweite Frage an das Grundeinkommen, die sich im Zusammenhang mit seiner Freiheitskonzeption stellt, ist grundsätzlicherer Art. Sie weist in eine Richtung, in die bereits Hannah Arendt mit ihrem häufig zitierten, aber selten in den richtigen Kontext gestellten Diktum gewiesen hat: „Was uns bevorsteht, ist die Aussicht auf eine Arbeitsgesellschaft, der die Arbeit ausgegangen ist, also die einzige Tätigkeit, auf die sie sich noch versteht. Was könnte verhängnisvoller sein?"[103] Diese Aussage ist weder als Aufruf zur Konservierung des geltenden (Erwerbs-)Arbeitsideals zu verstehen, noch lässt sich aus ihr ein Appell zur Verabschiedung dieses Ideals entnehmen: Sie verweist vielmehr auf den Stand der geistigen Kultur einer Gesellschaft als Voraussetzung dafür, welche Ideale und Wertvorstellungen von dieser ge- oder ertragen werden können. Als Kritikerin der modernen Verengung des menschlichen Tätigkeits- und Erfahrungsfeldes auf Arbeit wusste Arendt zugleich, dass die fundamentale geistige Werthaltung, die einer Gesellschaft imprägniert ist, nicht durch ein wie auch immer geartetes *social engineering* – also instrumentell – veränderbar ist, sondern allenfalls durch eine neue Weise des Verstehens. Das von ihr prognostizierte Verhängnis besteht also nicht darin – so wäre zu akzentuieren –, dass der Gesellschaft die Arbeit *ausgeht*, sondern dass sie sich auf nichts mehr als Arbeit *versteht*. Ohne eine solche persönlich und gesellschaftlich getragene Kultur des Verstehens könnte

---

[102] Damit ergibt sich aus diesem Kontext eine Verbindung zur Frage nach der Höhe des Grundeinkommens. In der Literatur sind verschiedene Versuche beschrieben, selbststeuernde Modelle zur Austarierung der volkswirtschaftlich verträglichen Grundeinkommenshöhe und damit der zur Erwerbsarbeit stimulierenden Anreize zu entwickeln. Es handelt sich dabei um Systeme, in denen sich das jeweils optimale Verteilungsverhältnis von „Surfern" und verbleibenden Erwerbsarbeitern in einer gegebenen volkswirtschaftlichen Situation automatisch auspendeln soll; vgl. hierzu FÜLLSACK 2002, S. 147 (mit Verweis auf Bert Hamminga), sowie a.a.O., S. 152 f. (mit Verweis auf De Beer, Juliet Schor u.a.).
[103] ARENDT 2003, S. 13.

aber das Grundeinkommen mit seiner Dezentrierung des Erwerbsarbeitsprinzips gerade in den entwickelten Kulturen westlicher Prägung[104] nicht Befreiung und Aktivierung, sondern Leere und Orientierungslosigkeit hervorrufen.[105] Selbst dann, wenn man alle Annahmen, die dem Grundeinkommensvorschlag zugrunde liegen, akzeptiert, ist die geforderte Aufhebung des Vollbeschäftigungsparadigmas aus dieser Perspektive also keineswegs gleichbedeutend mit dem Eintritt von Freiheit. Das Grundeinkommensmodell muss daher, um das von Hannah Arendt thematisierte „Verhängnis" des fehlenden geistigen Verstehenskontextes systematisch zu vermeiden, entweder von einem gleichsam unberührbaren, aber auch unmenschlich starken Begriff personaler Autarkie ausgehen, von dem her Freiheit unabhängig sowohl von sozialen als auch von geistigen Kontextfaktoren gedacht werden könnte. Oder aber die konzeptionelle Ausgestaltung des zentralen Grundeinkommensvorschlages der Entkopplung von Arbeit und Einkommen müsste sich ausrichten auf eine neue Kultur des Verstehens: Eine solche ist aber niemals auf instrumentellem, unmittelbar zielgerichtetem und umsetzungsorientiertem Wege zu erreichen, sondern nur durch die Initiierung einer selbst dem Ideal der Freiheit verpflichteten Kultur geistiger Bildung und kritischer Aufklärung. Die tiefreichendste Bedingung und zugleich höchste Anforderung der Implementierung eines unbedingten Grundeinkommens liegt damit im Bereich der Bildung.

---

[104] Von hier aus ließe sich die Hypothese formulieren, dass das Grundeinkommen möglicherweise in besonderer Weise gerade für nicht vollständig von westlichen Wertesystemen durchdrungene, nach westlicher Betrachtungsweise häufig weniger entwickelte Gesellschaften, also für so genannte „Schwellen"- oder „Entwicklungsländer" als gesellschaftlich tragfähiges Modell in Betracht käme. Für diese nur durch empirische Erfahrung zu erhärtende oder zu widerlegende Hypothese könnten die Erfahrungen des aktuellen BIG-Pilotversuches in Namibia von einigem Interesse sein; zum Pilotversuch siehe HAARMANN et al. (2009) sowie oben, Abschn. 2.3, Fn. 19.

[105] Wenn „die Arbeit und die ihr erreichbare Lebenserfahrung aus dem menschlichen Erfahrungsbereich ausgeschaltet sein wird", so droht die Gefahr, „daß die Neuzeit, die mit einer so unerhörten und unerhört vielversprechenden Aktivierung aller menschlichen Vermögen und Tätigkeiten begonnen hat, schließlich in der tödlichsten, sterilsten Passivität enden wird, die die Geschichte je gekannt hat." (ARENDT 2003, S. 410 f.) – Es sei hier noch einmal betont, dass Hannah Arendt keinesfalls Befürworterin einer verabsolutierten Hochschätzung der Arbeit war.

4 Der Zirkel der Selbstüberschreitung: Grundeinkommen und Grundübereinkommen

Genau an dieser systematischen Schnittstelle des Grundeinkommens zur Bildung liegt aber auch die Übergangsstelle zwischen den beiden zunächst getrennt betrachteten Bedeutungsebenen des Grundeinkommens als utopisches *Ideal* und als umsetzungsorientiertes *Konzept*. Denn wenn die erforderte Kultur von Bildung und Aufklärung als Implementierungsbedingung des Konzeptes gedacht werden muss, so darf sie – gerade weil und wenn sie auf die Ermöglichung des Selbstbestimmungs- und Freiheitspotentials von Menschen gerichtet ist – unmöglich selbst eine Gesinnungsbildung gleichsam in Mission des Grundeinkommensmodells sein. Als Kultur von freiheitsbezogener Bildung und selbstbestimmungsorientierter Aufklärung hat sie – gerade im Sinne der spezifischen Offenheit und Unvoreingenommenheit des Freiheitskonzepts, das dem Grundeinkommen eignet – kritisches Urteilsvermögen zu wecken, aber nicht Antworten vorzugeben: auch nicht die des Grundeinkommensmodells selbst. Damit kommt aber das Grundeinkommen als *Antwortkonzept* auf zirkulärem Wege, nämlich aufgrund seiner ihm eigenen Implementierungsbedingung, am Ende wieder bei der Struktur an, die oben[106] als idealer Grund der selbstüberschreitenden Wertigkeit des Grundeinkommens gekennzeichnet wurde: bei seinem kritischen *Fragepotential* und damit bei seiner Platzhalterstelle für einen kritischen, immer offenen, nie berechenbaren und gerade darin freiheitlich ausgewiesenen Diskurs. Das Grund*einkommen*, das in seiner theoretischen Konzeption eine stark subjektiv-individualistische Freiheitskonzeption enthält, öffnet sich auf diese Weise in der Idee für das intersubjektivistische, im Wortsinn republikanische[107] Ideal des bürgerlichen *Über*einkommens.

Die Idee des Grundeinkommens kann also, wenn sie es mit ihrem Freiheitsanspruch ernst meint, in der Entfaltung des eigenen Potentials nicht umhin, sich selbst dem Urteil eines freien öffentlichen Aushandlungsprozesses zu überantworten. Aushalten zu können, dass dieser Aushandlungsprozess als ergebnisoffener zu anderen Konzepten als den eigenen führen kann, und im Wissen darum diesen Prozess gleichwohl nicht nur zu befördern, sondern als ureigensten Teil ihrer selbst zu begreifen: darin läge die freiheitliche Größe und wahrhaftige, weil von sich selbst noch distanzierungsfähige Souveränität der Grundeinkommensidee.

---

[106] Siehe oben, Abschnitt 2.

[107] Von lat. *res publica* = ‚öffentliche Angelegenheit‘.

Literatur

ALTHAUS, DIETER (2007): Das solidarische Bürgergeld. Sicherheit und Freiheit ermöglichen Marktwirtschaft. In: BORCHARD 2007, S. 1–12.

ARENDT, HANNAH (2000): Macht und Gewalt. In: dies.: In der Gegenwart. Übungen im politischen Denken II. München. Hier: S. 145–208.

ARENDT, HANNAH (2003): Vita activa oder Vom tätigen Leben. 2. Aufl., München.

ARISTOTELES (1981): Politik. 4. Aufl., Hamburg.

BECK, ULRICH (2007): Schöne neue Arbeitswelt. Frankfurt a.M.

BECK, ULRICH (2008): Bedrohte Mittelschicht. Interview mit Soziologen Ulrich Beck. 04.06.2008. In: NGZ online, ULR: http://www.ngz-online.de/public/article/wirtschaft/news/575096/Mittelschicht-droht-Zersetzung.html [Stand: 23.07.09]

BISCHOFF, JOACHIM (2007): Allgemeines Grundeinkommen. Fundament für soziale Sicherheit? Hamburg.

BLÜM, NORBERT (2007): Wahnsinn mit Methode. Ein Grundeinkommen für alle ist ungerecht und bläht den Staat auf. In: DIE ZEIT, Nr. 17 v. 19.04.2007.

BOOMS, MARTIN (2008): „Eine Antwort von unten". In: Kölner Stadt-Anzeiger, Nr. 213, 11.09.2008.

BOOMS, MARTIN (2010): Artikel ‚Arbeit'. In: WILDFEUER, ARMIN / KOLMER, PETRA (Hg.): Neues Handbuch philosophischer Grundbegriffe, Bd. 1. München/Freiburg i.Br.

BORCHARD, MICHAEL (Hg.) (2007): Das Solidarische Bürgergeld – Analysen einer Reformidee. Stuttgart.

EHLERS, KAI (2007): Grundeinkommen für alle. Sprungbrett in eine integrierte Gesellschaft. 2. Aufl., Dornach.

EMMLER, MANUEL/PORESKI, THOMAS (2006): ‚Die grüne Grundsicherung'. Ein Diskussionspapier für den Zukunftskongress von Bündnis 90/Die Grünen. Version 1.0, 07. Juni 2006. In: http://www.grundsicherung.org/grusi.pdf [Stand: 23.07.09]

ENSTE, DOMINIK H. (2008): Bedingungsloses Grundeinkommen. Traum oder Albtraum für die Soziale Marktwirtschaft? München.

FISCHER, UTE/PELZER, HELMUT (2004): ‚Bedingungsloses Grundeinkommen für alle' – Ein Vorschlag zur Gestaltung und Finanzierung der Zukunft unserer sozialen Sicherung. Ulm/Dortmund. In: http://www.archiv-grundeinkommen.de/pelzer/pelzer-fischer-2004.pdf [Stand: 23.07.09]

FÜLLSACK, MANFRED (2002): Leben ohne zu arbeiten? Zur Sozialtheorie des Grundeinkommens. Berlin.

GRÖZINGER, GERD/MASCHKE, MICHAEL/OFFE, CLAUS (2006): Die Teilhabegesellschaft. Modell eines neuen Wohlfahrtsstaates. Frankfurt/New York.

GÜRTLER, SABINE (2000): Drei philosophische Argumente für ein Recht auf Arbeit. In: DZPhil 48 (2000) 6, S. 867–888.

HAARMANN, CLAUDIA/HAARMANN, DIRK/JAUCH, HERBERT/NATTRASS, NICOLI/VAN NIEKERK, INGRID/SAMSON, MICHAEL/SHINDONDOLA-MOTE, HILMA (2009): Making the difference! The BIG in Namibia. Basic Income Grant Pilot Project Assessment Report, April 2009. O.O.

HOHENLEITNER, INGRID/STRAUBHAAR, THOMAS (2008): Bedingungsloses Grundeinkommen und Solidarisches Bürgergeld – mehr als sozialutopische Konzepte. In: STRAUBHAAR, THOMAS (Hg.): Bedingungsloses Grundeinkommen und Solidarisches Bürgergeld – mehr als sozialutopische Konzepte. Hamburg. Hier: S. 9–127.

KAMBARTEL, FRIEDRICH (1993): Arbeit und Praxis. Zu den begrifflichen und methodischen Grundlagen einer aktuellen politischen Debatte. In: DZPhil 41 (1993) 2, S. 239–249.

KANT, IMMANUEL (1983): Grundlegung zur Metaphysik der Sitten. In: ders. (1983): Werke in zehn Bänden. Hg. v. WILHELM WEISCHEDEL. Darmstadt. Hier: Bd. 6, S. 9–102.

KREBS, ANGELIKA (2002): Arbeit und Liebe. Die philosophischen Grundlagen sozialer Gerechtigkeit. Frankfurt a.M.

LAFARGUE, PAUL (1966): Recht auf Faulheit. Frankfurt a.M.

LIEBERMANN, SASCHA (2006): Freiheit ermöglichen, das Gemeinwesen stärken. In: WERNER 2006, S. 98–114.

MARX, KARL (1964): Das Kapital. Bd. III, 3. Buch. In: MEW 25. Berlin.

MARX, KARL/ENGELS, FRIEDRICH (1958): Die Deutsche Ideologie. In: MEW, Bd. 3, Berlin.

OPIELKA, MICHAEL (2005): Die Idee einer Grundeinkommensversicherung. Analytische und politische Erträge eines erweiterten Konzepts der Bürgerversicherung. In: STRENGMANN-KUHN, WOLFGANG (Hg.) (2005): Das Prinzip Bürgerversicherung. Die Zukunft im Sozialstaat. Wiesbaden. Hier: S. 99–139.

PELZER, HELMUT (1994): Bürgergeld: Rechenmodell zur aufkommensneutralen Finanzierung eines allgemeinen Grundeinkommens. Stuttgart.

PELZER, HELMUT (2007): Das bedingungslose Grundeinkommen. Finanzierung und Realisierung nach dem Ulmer Transfergrenzen-Modell. Ein garantiertes Grundeinkommen ist bezahlbar und politisch sinnvoll. In: http://www.archiv-grundeinkommen.de/pelzer/Transfergrenzen-Modell-Abstract-V-1.pdf [Link: Stand 21.07.09]

PIEPER, ANNEMARIE (1992): Ethik und Ökonomie. Historische und systematische Aspekte ihrer Beziehung. In: BIERVERT, BERND/HELD, KLAUS/WIELAND, JOSEF (Hg.) (1992): Sozialphilosophische Grundlagen ökonomischen Handelns. 2. Aufl., Frankfurt a.M. Hier: S. 86–101.

PLATON (1989): Der Staat. Über das Gerechte. 11. Aufl., Hamburg.

RIFKIN, JEREMY (2005): Das Ende der Arbeit und ihre Zukunft. Neue Konzepte für das 21. Jahrhundert. Frankfurt a.M.

SCHICK, GERHARD et. al. (2007): Modulares Grundeinkommen – Chance für den deutschen Sozialstaat und für Bündnis 90/Die Grünen. In: http://www.gerhard-schick.net/images/stories/modularesgrundeinkommen.pdf [Link: Stand 23.07.09].

SIMMEL, GEORG (1989): Philosophie des Geldes. Frankfurt a.M.

ULRICH, PETER (2001): Integrative Wirtschaftsethik. Grundlagen einer lebensdienlichen Ökonomie. 3. Aufl. Bern/Stuttgart/Wien.

VAN DER VEEN, ROBERT J./VAN PARIJS, PHILIPPE (1986): A Capitalist Road to Communism, in: Theory and Society 15/1986, S. 635–655.

VAN PARIJS, PHILIPPE (1991): Why Surfers Should be Fed. The Liberal Case for an Unconditional Basic Income. In: Philosophy and Public Affairs, Vol. 20, S. 101–131.

VANDERBORGHT, YANNICK/VAN PARIJS, PHILIPPE (2005): Ein Grundeinkommen für alle? Geschichte und Zukunft eines radikalen Vorschlags. Frankfurt a.M./New York.

VOBRUBA, GEORG (2000): Alternativen zur Vollbeschäftigung. Die Transformation von Arbeit und Einkommen. Frankfurt a.M.

VOBRUBA, GEORG (2007): Entkoppelung von Arbeit und Einkommen. Das Grundeinkommen in der Arbeitsgesellschaft. 2. Aufl., Wiesbaden.

WERNER, GÖTZ W. (2006): Ein Grund für die Zukunft: das Grundeinkommen. Interviews und Reaktionen. 4. Aufl., Stuttgart.

WERNER, GÖTZ W. (2007): Einkommen für alle. Köln.

ZIMMERLI, WALTHER CH. (1987): Vom ‚Glück' der Arbeitslosigkeit. In: Universitas 3/1987, S. 243–254.

Der Verfasser

Dr. phil. Martin Booms (geb. 1971) ist Gründungsdirektor der Akademie für Sozialethik und Öffentliche Kultur in Bonn. Er lehrt allgemeine Philosophie sowie Wirtschafts- und Unternehmensethik an den Universitäten Bonn, Flensburg und Karlsruhe.

Sein Tätigkeitsschwerpunkt liegt auf der wissenschaftlichen Analyse und öffentlichen Vermittlung von philosophischen Grundlagen ethischer und sozialer Zusammenhänge in Wirtschaft, Politik und Gesellschaft.
Wissenschaftliche Schwerpunkte: Wirtschafts- und Sozialphilosophie, hier insbesondere Wirtschafts- und Unternehmensethik sowie Theorie der Arbeit; Philosophie der Neuzeit; Erkenntnistheorie und Transzendentalphilosophie, insbesondere Kant und Schopenhauer.

Neben der Initiierung und Durchführung zahlreicher Veranstaltungen im Querschnitt von Wissenschaft, Politik, Wirtschaft und Gesellschaft umfangreiche Vortragstätigkeit sowie Publikation von Monographien, Aufsätzen und Artikeln in den genannten Bereichen.

Kontakt:

Akademie für Sozialethik und Öffentliche Kultur
Nordstraße 73a
53111 Bonn
www.akademie-ask.de

„Noch umstrittener dürfte eine weitere Forderung sein, nämlich ein garantiertes Grundeinkommen für alle. Nicht von Mindestlohn ist die Rede, sondern von einem marktunabhängigen Existenzgeld, auf das alle Anspruch haben und das ein Minimum an (Über-)Lebenschancen garantiert. Das ist ein mittlerweile viel diskutiertes Thema – auch eines, gegen das sich manche Argumente und Erfahrungen ins Feld führen lassen, aber es ist auch ein Thema, das auf der Tagesordnung einer Politik der Freiheit bleiben muss."

(Lord Ralf Dahrendorf)